MANIPULACIÓN COLECTIVA

- LA VENTANA DE OVERTON Y LA REINGENIERÍA SOCIAL -

CARLOS ALBERTO RAMÍREZ

EDITORIAL PROELIUM

Primera edición: noviembre de 2024.
Ediciones Proelium. 2024
México

Colaboración de Christian Fernando y Uriel Esqueda.

ÍNDICE

DEDICATORIA

A mi familia. Por el apoyo incondicional que siempre me brindan.

A la Luz de mis ojos. Mi amada esposa. Mi amor y mi inspiración para seguir adelante en esta batalla tan difícil que nos tocó librar.

A mis amigos que en las buenas y en las malas, nunca me han dejado solo.

A todos los valientes, que al día de hoy y pese a la presión social, se han mantenido firmes en la defensa de sus ideales.

A las nuevas generaciones que culminarán esta batalla que hoy estamos librando con pasión y determinación.

A los que contribuyeron a la creación de esta obra.

A mis padres, por la educación brindada.

AGRADECIMIENTO

A Dios. Por todo lo dado sin merecerlo.

PRÓLOGO

"Las masas nunca han tenido sed de verdades. Ante las evidencias que les desagradan, se desvían, prefiriendo deificar el error si éste las seduce. Quien sabe engañarlas se convertirá en su amo, quien intente destruir sus ilusiones será siempre su víctima".

Gustave Le Bon

En su clásico libro *"Propaganda"* (1928), *Edward Bernay*[1] el orquestador de la manipulación propagandista, afirmó que *"la manipulación consciente de los hábitos y opiniones de las masas, es un elemento importante en la sociedad democrática"*, dando lugar a la manipulación colectiva posmoderna. *Le Bon*, el gran sociólogo francés, al estudiar diversas sociedades de su época, sostuvo que: *"Cuando el error se hace colectivo, adquiere la fuerza de una verdad"*.

La manipulación colectiva en su vertiente de la *Ventana de Overton* y la *Reingeniería Social* están orientada a socavar al *"hombre masa"*, al cual considera susceptible de arrastrar a un estado de excitación y enajenación, donde la pérdida de la personalidad consciente, le priva de su capacidad para ejercer la razón y voluntad. *Le Bon* en su libro *"La psicología de las masas"*, publicado en 1895, estableció:

"La masa es siempre intelectualmente inferior al hombre aislado. Pero, desde el punto de vista de los sentimientos y de los actos que los sentimientos provocan, puede, según las circunstancias, ser mejor o peor. Todo depende del modo en que sea sugestionada".

En nuestra época, como afirma *De Prada* (2021), se ha entrado a la era de las masas *cretinizadas*, no solo en el terreno social, sino en lo político y cultural, donde por su irrupción (legal) ha traído grandes consecuencias en la vida pública, ya que las masas *cretinizadas* se burlan de la inteligencia y les encanta la mediocridad.

Charles Péguy señala en un texto de 1907 que *"El mundo moderno envilece. Envilece a la ciudad. Envilece al hombre. Envilece al amor; envilece a la mujer. Envilece a la raza; envilece al niño. Incluso envilece, y ha logrado envilecer, a lo que tanto cuesta envilecer en el mundo: la muerte"*.

La manipulación colectiva socava a las tradiciones que guían y fortalecen a los pueblos, al atentar contra su cultura, entendida esta como el conjunto de ideas que un pueblo tiene y que da sentido a sus estructuras sociales, a su modo de entender a la persona humana y que motiva, el modo en que viven y cómo se relacionan unos con otros. La acción inconsciente del *"hombre masa"*, se enfrenta al alma colectiva de la civilización occidental, lo que representa la peor característica de esta época; *Juan Donoso Cortés "Marqués de Valdegamas"*, (s.f.) afirmó que *"Cuando un pueblo manifiesta un horror civilizado por la sangre, luego, recibe el castigo de su culpa: Dios le muda el sexo, lo despoja del signo público de la virilidad, lo convierte en pueblo-hembra y le envía conquistadores para que le quiten la honra"*.

La manipulación colectiva actual, se sustenta en la síntesis entre marxismo y el psicoanálisis de *Freud*, quien sostiene que al explorar el inconsciente de las personas, se encuentra que la inmensa mayoría de las faltas y errores humanos se pueden atribuir a unas causas sobre las que el ser humano tiene poco o ningún control, siempre apegado al libido sexual. Con esta premisa, se busca exaltar los *"derechos sexuales y reproductivos"* en la sociedad, como una ampliación de *"derechos humanos"* progresivos que benefician a grupos feministas, comunidad *LGBT*, ideólogos del género, etc, con ello se atenta despiadadamente en contra de la familia. Como lo mencionó *Chesterton "Se pretende instaurar una nueva religión que, a la vez que exaltaba la lujuria, prohibía la fecundidad"*.

La Reingeniería social, ha tomado el término *neolenguaje*, el cual apareció en la obra *de Orwell "1984"*; este término utilizado por el *Gran Hermano,* ha sido instrumentalizado como un arma impositiva, encargada de producir seres que carecen de identidad, vínculos y arraigo. *Foucault* (2000) llamaba a esto, *"Microfísica del poder"*, con la cual se ha adoctrinado al *"hombre masa"*. El lenguaje es el único instrumento que puede reprimir al sentido común, siendo la forma más eficaz de dominar a las conciencias, al negar la realidad y crear una *"nueva"*, un ejemplo brillante de esto, se refleja en llamar a las personas *"todos, todas y todes"*.

Así como una batalla requiere de buenos guerreros que conozcan del arte de la guerra, una batalla por las ideas requiere de personas con una formación intelectual en el ámbito del saber y en la forma de argumentar. Quienes participan en una batalla, tienen como objetivo principal, el transmitir sus ideas de manera clara, contundente y convincente, de tal manera que seas declarado ganador por la audiencia; es por eso la importancia de comprometerse con una formación autodidacta; *este libro te presenta esa oportunidad.*

Una formación intelectual proviene de la lectura de libros de un alto valor argumentativo, y por eso, *libros como este* son indispensables en la batalla cultural, para darla en cualquier ámbito, principalmente en el educativo. En estos momentos, la guerra más importante en la historia de la humanidad, no está ocurriendo en el aspecto político, económico ni bélico, se está librando en el aspecto ideológico, es una guerra de ideas. Las masas al prescindir de sentido común, no entienden de principios, ni de los valores que se desprenden de ellos, por esa razón, sufren más los pocos que piensan, que las multitudes que solo sienten.

En nuestros días se considera que todos los puntos de vista, pensamientos y acciones son igualmente buenos, y todas las maneras de vivir son admirables; con esta consideración, se está aceptando lo que estableció *Ratzinger* (2005), *"La dictadura del relativismo, la cual no reconoce nada como definitivo y que tiene como su más alta meta su propio ego y sus propios deseos"*; parece ser que el relativismo, es la única *"doctrina"* adecuada en esta época. *Chesterton* en 1922, mencionó que *"La única manera de liberarse de la degradante esclavitud de ser un hijo de tu tiempo, es rechazar esa adhesión a los postulados de su tiempo".*

En esta obra se encuentra, en definitiva, una oportunidad seria para formarse y confrontar ideas, haciéndose de conocimiento valioso y de buenos argumentos que servirán para dar la batalla de las ideas después de tanto tiempo de ausencia. *De Prada* (2021) señala que *"la única salvación para nuestra época, es tener el valor de enfrentarse a los códigos establecidos por la posmodernidad, a esas ideas reinantes, no tratando de introducir una rectificación como hacen las ideologías, sino hacer una refutación a la totalidad, una enmienda a la totalidad y atreviéndose hacerlas sin ambages, sin disimulos y con una actitud vital e intelectual".*

Que estas líneas sirvan de motivación y esperanza para embarcarse en el estudio profundo de la manipulación colectiva y de los males posmodernos emanados de ella. Este es un excelente trabajo, que el licenciado en Derecho y Maestro en Ciencias Políticas *Carlos Ramírez*, cofundador de la *Fundación Choose Life Internacional* y actualmente director jurídico de la *Asociación Abogados Cristianos en México*, nos presenta a continuación.

Christian Fernando.

INTRODUCCIÓN

En el contexto político y social actual, el debate público se encuentra inundado de controversias y temas polémicos que generan divisiones profundas en la sociedad. Estos temas abarcan una amplia gama de asuntos, desde políticas económicas hasta derechos humanos y cuestiones éticas. En medio de este panorama, la Ventana de Overton emerge como un marco conceptual valioso que nos permite comprender y analizar la evolución de las ideas y políticas dentro de la esfera pública.

El modelo de cambio político, conocido como Ventana de Overton, ha ganado popularidad en los últimos años. Fue creado por el analista político *Joseph P. Overton*[2] y describe los límites de lo políticamente posible y aceptable en una sociedad, en un momento determinado (hoy en día se le conoce a esto como lo *políticamente correcto*)[3]. A través de la *"ventana"* podemos entender cómo las opiniones y las políticas evolucionan y se mueven dentro de estos límites a medida que cambian las actitudes, los valores y las dinámicas políticas en una sociedad determinada.

Centraremos parte del análisis y la aplicación de la Ventana de Overton, en temas controvertidos y cargados de emociones; uno de ellos es la pedofilia y el ejercicio de la *parafilia*[4] a través de la pederastia.

El movimiento activista pedófilo, referido por algunos partidarios como el *"movimiento del amor hacia los niños"*, es un movimiento social que abarca una variedad amplia de opiniones que abogan por la despenalización, aceptación y el respeto hacia las personas pedófilas, que no hayan delinquido anteriormente. Actualmente, en la mayoría de países del mundo, se persigue la práctica pedófila por ser una *parafilia*[5]. Las metas del activismo pro-pedofilia incluyen:

La derogación de las leyes de edad de consentimiento, a efectos de eliminar de la legislación, el uso de la edad como un criterio válido para identificar el abuso sexual infantil; o como una medida provisoria, la disminución progresiva de esa edad de consentimiento.

La eliminación de la pedofilia como una parafilia por parte de la Organización Mundial de la Salud, la *American Psychiatric Association* (Asociación Americana de Psiquiatría) y otras instituciones de reconocimiento.

Los activistas pro-pedofilia también promueven el uso de *eufemismos*[6] para su movimiento, tales como *pedosexual, boylove(r), girllove(r), y childlove(r),* con el fin de "suavizar" el término pedófilo. Actualmente este movimiento es extremadamente impopular y ha hecho poco progreso en sus metas dentro de las esferas legales y científicas. Sin embargo, en 1970 este movimiento consiguió un cierto progreso hacía sus metas en Europa, particularmente en los Países Bajos, donde hay una considerable historia del activismo en materia de pedofilia. En 2006, se fundó en los Países Bajos el Partido Político *"De la Caridad, la Libertad y la Diversidad",* de carácter *propedófilo*[7]. Este tema tan polémico, lo abordaremos ampliamente en el capítulo respectivo.

La *"ventana"* es una herramienta valiosa para comprender cómo se forma, **manipula** y cambia la opinión pública. Este trabajo explora los conceptos fundamentales del modelo y plantea preguntas importantes sobre sus límites y aplicaciones. También se abordan otros factores, que han influido en el cambio de la dinámica social, como la *dictadura del pensamiento, el mundo posmoderno y la evolución de la lucha de clases.* Deseo que este trabajo te sea de utilidad, y contribuya en esta batalla cultural que nos tocó librar.

EL MUNDO EN DECADENCIA

"La decadencia llega cuando el hombre deja de fijarse en la naturaleza".

Leonardo da Vinci

"En esta Constitución se incluirá el derecho a la vida sobre nuestro cadáver"; fueron las palabras de *Gabriela Rodríguez Ramírez*, diputada constituyente de MORENA, que quedaron registradas en el Diario de los Debates del Órgano Oficial de la *Asamblea Constituyente de la Ciudad de México.*[8]

Resulta importante transcribir estas palabras, para evidenciar la decadencia social, cultural, moral y **racional** que existe en el mundo. Un discurso como el dictado por la diputada *Rodríguez Ramírez*, sería ampliamente rechazado y condenado hace 20 años, sin embargo, en esta época pasó prácticamente desapercibido. Lo más grave de esto es, que no hemos visto el culmen de la decadencia, aun queda mucho camino por recorrer antes de regresar a la cordura.

¿CÓMO LLEGAMOS AQUÍ?

La lejanía de la fe, el abandono de la racionalidad y el desprecio a la dignidad humana puede darnos una respuesta mediata, sin embargo, para llegar a una respuesta profunda debemos analizar otros factores[9]. La decadencia que hoy avanza en el mundo, es consecuencia de una serie de acciones coordinadas desde el campo político y cultural (principalmente), pero también lo es debido a la inacción de los obligados a defender la verdad.

Los gobiernos que promueven a través de sus Instituciones, la ideologización (*basada en la posverdad*)[10] de las nuevas generaciones, lo hacen respaldados con las banderas de *"libertad y progreso*", por eso resultan mucho más atractivas para la sociedad común; sin embargo, dichas banderas van de la mano con el sometimiento (aparentemente imperceptible), la miseria humana, el desprecio al orden natural, la aplicación de normas que castigan la disidencia, la promoción de ideas anticientíficas y la multiplicación de los marginados. Todo esto culmina en una decadencia que será muy difícil de superar, pero no imposible.

Hoy en día se percibe, de manera errónea, que la sociedad en general acepta las ideas de la posverdad, respaldadas bajo las banderas de libertad y progreso; eso ocurre en parte, debido a que los inconformes no actúan en consecuencia o peor aún, callan cuando deberían gritar su inconformidad.

> *"En el mundo moderno, la libertad es lo contrario de la realidad; pero es sin embargo su ideal".*[11]

Es innegable que el discurso, las estrategias de comunicación y marketing, que se emplean para promover las ideas de la posverdad, son sumamente atractivas. La mentira es más fácil de aceptar, cuando la verdad resulta ampliamente incómoda.

EL ENGAÑO.

La defensa de la verdad es un pilar fundamental, no para construir un único relato válido y descartar los demás, sino para evitar caer en la manipulación pública y formar parte de una agenda decadente. Un ejemplo de ello es el feminismo posmoderno, que promueve una agenda mundial que al día de hoy logró manipular no solo a las mujeres, sino también a algunos hombres, que al pretender *"encajar"* en dicho movimiento, han aceptado incluso su propia degradación.

Por un lado, el feminismo promueve libertad, derechos exclusivos para las mujeres, exclusión para los hombres, negación al orden científico y biológico; por otro lado promueve la eliminación sistemática de seres humanos, la negación de derechos humanos a los indefensos, el castigo con penas corporales a los disidentes ideológicos, etc.

Es fácil aceptar los hechos y derechos que *"convienen"* al supuesto desarrollo de un sector de la población, es difícil aceptar que sobre los derechos deben existir obligaciones y respeto a los derechos de terceros.

El *nihilismo*[12] toma un papel relevante en esta época de la posverdad; sus militantes se caracterizan por la pérdida parcial o total de la racionalidad. La percepción nihilista de la realidad, se basa en la negación de todo principio religioso, político y social. Dicha negación llega al totalitarismo, en donde se rechaza tajantemente todo fundamento y argumento, aunque estos estén basados en evidencias irrefutables. Prueba de ello es, que sostienen entre otros preceptos, que la vida humana no comienza en la concepción, que un hombre se puede embarazar y que las mujeres se tienen que revisar la próstata de manera periódica después de los cuarenta años.

La idea de que el mundo está en decadencia no es nueva; es un tema complejo que ha sido objeto de múltiples debates. Algunas razones que contribuyen a esa percepción son las siguientes:

1. FALTA DE CONFIANZA EN LAS INSTITUCIONES Y EXPERTOS: en las últimas décadas, ha habido un declive significativo en la confianza sobre instituciones tradicionales, como el gobierno, los medios de comunicación y la ciencia. Encuestas[13] muestran una disminución en la confianza pública en estas instituciones, lo que puede llevar a una menor aceptación de la racionalidad y la autoridad de los expertos.

2. AUGE DE LA DESINFORMACIÓN Y LAS NOTICIAS FALSAS:[14] con la proliferación de internet y las redes sociales, la desinformación se ha vuelto más accesible y difundida. Las noticias falsas, teorías de conspiración y desinformación pueden socavar la racionalidad al desacreditar la información basada en evidencia y promover ideas irracionales.

3. POLARIZACIÓN POLÍTICA Y TRIBALISMO:[15] la polarización política y el tribalismo están en aumento en muchas partes del mundo. Esto ha llevado a una mentalidad de *"nosotros contra ellos"*, donde la lealtad al grupo a menudo supera la razón y el diálogo racional. La polarización extrema puede obstaculizar la capacidad de las personas para comprometerse en debates informados y llegar a soluciones racionales.

4. MANIPULACIÓN DE EMOCIONES: los medios de comunicación y los políticos a menudo recurren a la manipulación de emociones en lugar de argumentos racionales para influir en la opinión pública. El uso de tácticas emocionales puede socavar la capacidad de las personas para pensar críticamente y evaluar información de manera racional.

5. CRISIS DE LA EDUCACIÓN: en muchos lugares, ha habido una crisis en el sistema educativo, con una falta de énfasis en el pensamiento crítico y la alfabetización mediática. Sin las habilidades necesarias para evaluar la información de manera crítica, las personas son más susceptibles a creer en ideas irracionales y pseudocientíficas.

6. AVANCE TECNOLÓGICO RÁPIDO: si bien el avance tecnológico ha traído muchos beneficios, también ha generado desafíos en términos de ética y responsabilidad. La velocidad a la que cambian las tecnologías puede superar la capacidad de la sociedad para comprender y adaptarse de manera racional, lo que lleva a decisiones impulsivas o poco informadas.

7. CRISIS MEDIOAMBIENTAL Y EXISTENCIAL: la creciente expectativa sobre la crisis climática y otras amenazas existenciales, puede generar ansiedad y desesperanza en las personas, lo que puede obstaculizar la capacidad de pensar racionalmente y tomar decisiones informadas.

8. CRISIS DE VALORES: en algunos países, hay una sensación de que los valores tradicionales están en declive, reemplazados por una cultura de consumo, individualismo y falta de solidaridad. Esta percepción puede llevar a la sensación, de que la sociedad está perdiendo su brújula moral y espiritual, lo que contribuye a la percepción de decadencia.

En conjunto, estos factores pueden contribuir a una percepción de decadencia en el mundo, donde la irracionalidad, la desconfianza en la evidencia y la polarización política están en aumento.

La decadencia racional, va de la mano con la manipulación individual y colectiva. Los llamados *"influencers"*[16], han acelerado el proceso de manipulación de una sociedad, al generar contenidos atractivos (muchas veces sin sustento formal) para una generación que tiene toda la información a su alcance, pero le basta con el argumento del hombre o mujer influyente, que sigue en redes sociales.

CONCLUSIÓN.

Si queremos que la cordura regrese al mundo contemporáneo, es necesario trabajar en la transformación social, ilustrar a las nuevas generaciones y dar la batalla en el campo en el que nos desempeñemos. El enemigo de la verdad trabaja de manera incansable, tiene bien definida su estrategia y objetivos; nosotros debemos hacer lo propio. Hoy por ti, mañana por las nuevas generaciones.

LA MANIPULACIÓN

*"Con una hábil manipulación de la prensa, pueden hacer que
la víctima parezca un criminal y el criminal, la víctima".*
Malcolm X

El 15 de junio de 2010, el periodista *Glenn Beck*[17], publicó una novela polémica titulada *"La Ventana de Overton"*; en dicha novela expone una serie de ideas que no están del todo erradas: *Hay un plan para destruir América, que lleva cien años en desarrollo, está a punto de desencadenarse ¿se puede parar? Existe una poderosa técnica llamada Ventana de Overton que puede dar forma a nuestras vidas, nuestras leyes y nuestro futuro.* **Funcionan manipulando** *la percepción pública para que las ideas que antes se consideraban radicales, comiencen a parecer aceptables con el tiempo. Mueve la ventana y cambias el debate. Cambia el debate y cambias el país.*

EL CONCEPTO.

Es importante precisar que la manipulación es una herramienta omnipresente en la interacción humana, utilizada desde tiempos inmemoriales para influir en los pensamientos, emociones y acciones de otros.

El verbo manipular se refiere en origen a todo aquello que uno puede manejar con las manos y luego adquiere varios sentidos figurados, como el de alterar una situación con manejos. La palabra manipulación tiene sus raíces en el latín *"manipulus"*, que significa *"mano llena" o "mano de carga"*. En el campo militar de la antigua Roma, esta palabra tuvo una aceptación y aplicación muy importante; el *"manipulus"* era un puñado de hombres que un mando podía manejar con facilidad. La subdivisión más pequeña de una legión era una *centuria*[18]. Cada dos centurias formaban un manípulo.

Con el tiempo, la palabra adquirió connotaciones más figurativas, refiriéndose a la acción de influir o controlar a otros de manera hábil y sutil.

La manipulación ha sido practicada por individuos y grupos a lo largo de la historia, tanto en contextos personales como políticos. Algunos de los máximos exponentes de la manipulación incluyen:

POLÍTICOS Y LÍDERES AUTORITARIOS: desde la antigüedad, los líderes políticos han utilizado la manipulación para consolidar su poder y mantener el control sobre las masas. Ejemplos históricos incluyen a figuras como Maquiavelo, cuya obra *"El Príncipe"* explora las tácticas de manipulación política, así como líderes totalitarios del siglo XX como Adolf Hitler y Joseph Stalin, quienes emplearon la *propaganda*[19] y la manipulación de la información para mantenerse en el poder.

PUBLICISTAS Y EXPERTOS EN MARKETING: en la era moderna, la manipulación se ha convertido en una herramienta fundamental en el ámbito del marketing y la publicidad. Las empresas utilizan estrategias diseñadas para influir en las decisiones de compra de los consumidores, aprovechando técnicas psicológicas para crear deseos y necesidades artificiales.

MANIPULADORES EMOCIONALES: a nivel interpersonal, algunas personas desarrollan habilidades para manipular las emociones y acciones de los demás, en su beneficio. Estos manipuladores pueden ser sutiles y carismáticos, aprovechando la empatía y la vulnerabilidad de sus seguidores para obtener lo que desean.

FORMAS DE MANIPULACIÓN.

La manipulación puede manifestarse de diversas formas, algunas más evidentes que otras. Algunas de las formas más comunes de manipulación incluyen:

MENTIRAS Y ENGAÑOS: los manipuladores pueden distorsionar

la verdad o directamente mentir para alcanzar sus objetivos. Esto puede implicar desde pequeñas falsedades hasta elaboradas tramas de engaño.

MANIPULACIÓN EMOCIONAL: los manipuladores hábiles, pueden aprovechar las emociones de sus seguidores para influir en su comportamiento. Esto puede incluir el uso de la culpa, el miedo o la compasión para obtener lo que desean.

AISLAMIENTO Y CONTROL: algunos manipuladores buscan aislar a sus víctimas de sus seres queridos u otras influencias externas, de modo que puedan ejercer un mayor control sobre ellas.

MANIPULACIÓN DE LA INFORMACIÓN: en la era de la información, la manipulación de la información es una táctica común utilizada por políticos, medios de comunicación y otros actores poderosos para moldear la percepción pública y promover sus propios intereses. Un ejemplo de ello es la participación de los *"influencers"*, que simulan una interacción orgánica[20] para convencer a los ciudadanos de que voten por un partido político determinado.

CAMPAÑAS POLÍTICAS ENGAÑOSAS: en muchas campañas políticas, los candidatos recurren a la manipulación para ganar apoyo. Esto puede implicar desde promesas vacías hasta difamaciones contra los oponentes. En México, el partido *MORENA* a través de su máximo representante, *Andrés Manuel López Obrador*, empleó la *"mañanera"* para promover la difamación de sus rivales políticos, difundir una serie de acciones y políticas públicas a favor de los ciudadanos, que en su mayoría fueron inciertas. En cuatro años del total de su gobierno[21], *López Obrador* pronunció 101,155 *mentiras*[22] en relación a sus acciones y políticas públicas, esto equivale a un promedio de 103 mentiras por *"mañanera"*.

PUBLICIDAD FALSA: la industria publicitaria a menudo recurre a tácticas manipuladoras para persuadir a los consumidores. Por ejemplo, las imágenes retocadas y los testimonios falsos pueden utilizarse para vender productos o servicios. Esta práctica se intensificará conforme avance el uso de la *I.A.*[23] y no exista una regulación efectiva al respecto.

RELACIONES MANIPULATIVAS: en las relaciones personales, los manipuladores pueden utilizar tácticas como la manipulación emocional o el gaslighting *(hacer que alguien dude de su propia percepción de la realidad)* para ejercer control sobre sus parejas o familiares.

LA MANIPULACIÓN APLICADA.

Joseph Goebbels es considerado uno de los máximos exponentes de la manipulación; *Goebbels* fue ministro de propaganda del tercer Reich, quien dejó como *"herencia cultural"*, una serie de *"principios"*, que hoy en día se siguen empleando para manipular a la sociedad. Al leerlos, seguramente los identificarás y verás reflejados, en discursos o acciones políticas vigentes.

1. *PRINCIPIO DE SIMPLIFICACIÓN Y DEL ENEMIGO ÚNICO.* Adoptar una única idea, un único símbolo; individualizar al adversario en un único enemigo.

2. *PRINCIPIO DEL MÉTODO DE CONTAGIO.* Reunir diversos adversarios en una sola categoría o individuo; los adversarios han de constituirse en suma individualizada.

3. *PRINCIPIO DE LA TRANSPOSICIÓN.* Cargar sobre el adversario los propios errores o defectos, respondiendo el ataque con el ataque. *"Si no puedes negar las malas noticias, inventa otras que las distraigan".*

4. *PRINCIPIO DE LA EXAGERACIÓN.* Convertir cualquier anécdota, por pequeña que sea, en amenaza grave.

5. *PRINCIPIO DE LA VULGARIZACIÓN.* Toda propaganda debe ser popular, adaptando su nivel al menos inteligente de los individuos a los que va dirigida. Cuanto más grande sea la

masa a convencer, más pequeño ha de ser el esfuerzo mental a realizar. La capacidad receptiva de las masas es limitada y su comprensión escasa; además, tienen gran facilidad para olvidar.

6. PRINCIPIO DE ORQUESTACIÓN. La propaganda debe limitarse a un número pequeño de ideas y repetirlas incansablemente, presentadas una y otra vez desde diferentes perspectivas pero siempre convergiendo sobre el mismo concepto. Sin fisuras ni dudas. De aquí viene también la famosa frase: *"Si una mentira se repite suficientemente, acaba por convertirse en verdad".*

7. PRINCIPIO DE RENOVACIÓN. Hay que emitir constantemente informaciones y argumentos nuevos, a un ritmo tal, que cuando el adversario responda, el público esté ya interesado en otra cosa. Las respuestas del adversario nunca han de poder contrarrestar el nivel creciente de acusaciones.

8. PRINCIPIO DE LA VEROSIMILITUD. Construir argumentos a partir de fuentes diversas, a través de los llamados globos sondas o de informaciones fragmentarias.

9. PRINCIPIO DE LA SILENCIACIÓN. Censurar las cuestiones sobre las que no se tienen argumentos y disimular las noticias que favorecen al adversario; con la ayuda de medios de comunicación afines.

10. PRINCIPIO DE LA TRANSFUSIÓN. Por regla general la propaganda opera siempre a partir de un sustrato preexistente, ya sea una mitología nacional o un complejo de odios y prejuicios tradicionales; se trata de difundir argumentos que puedan arraigar en actitudes primitivas.

11. PRINCIPIO DE LA UNANIMIDAD. Llegar a convencer a mucha gente que se piensa "como todo el mundo", creando impresión de unanimidad.

¿Identificas alguno de los *"principios"* con algún discurso o acción política? Si fue así, no es casualidad; estas técnicas, aunque fueron desarrolladas hace muchos años, hoy son aplicadas con mayor efectividad. Es importante que las conozcas, para que no seas víctima de ellas.

EXPERIMENTOS SOCIALES.

En el 2012, a través de un *experimento social*, la red social *Facebook* en colaboración con las Universidades Cornell y San Francisco de Estados Unidos, manipularon las cuentas de 700,000 usuarios. El *experimento* consistió en alterar el algoritmo, que selecciona las noticias que aparecen en el muro de cada usuario, con el objeto de observar si existe un "*contagio emocional*" entre las personas. Para ello, los ingenieros enviaban deliberadamente a un grupo de usuarios noticias positivas y alegres, mientras que al otro grupo escogido se hacía lo contrario, es decir, se les proporcionaban noticias cargadas de connotaciones negativas.

Una de las conclusiones fue, que los usuarios que observan historias menos negativas en su "*feed*" de noticias, eran menos propensos a escribir un mensaje negativo. Y viceversa. Por tanto, la influencia social determina nuestro estado de ánimo. Además, los estados emocionales se pueden transmitir entre personas que no están juntas físicamente y sin que interactúen entre ellas.

"Las emociones expresadas en las redes sociales influyen en nuestro estado de ánimo", según las conclusiones del estudio, titulado *Evidencias experimentales de contagio emocional a escala masiva a través de redes sociales.*

En el 2019, el Instituto del Internet de la Universidad de Oxford, publicó el reporte *"The Global Disinformation Order"*, en el que concluyó entre otros puntos, que en México actores estatales y privados utilizan equipos con entrenamiento y capacidad, para aplicar estrategias a tiempo completo que controlen el espacio de información.

Este reporte sugiere que estas estrategias, generalmente acompañadas de narrativas tóxicas, se han convertido en un estándar para actores políticos de todo el mundo, la propaganda computacional y la manipulación en redes sociales se han más que duplicado en dos años, pasando de 28 a 70 países.

De acuerdo con el reporte, en México, las campañas de desinformación son más comunes en *Facebook, Twitter*[24] *y WhatsApp*, contrario a países como Brasil, Colombia y Ecuador donde utilizan más *YouTube* o en Argentina y España donde es más común *Instagram*.

El Instituto de Internet de Oxford, identifica como principales actores que promueven la desinformación a gobiernos electos, partidos políticos, candidatos y políticos en funciones.

Las herramientas más utilizadas para las campañas de desinformación en México, son las cuentas automatizadas (bots), "*cyborgs*" (cuentas automatizadas, pero que también son utilizadas por personas); en otros países, como Guatemala y Rusia, también se emplean cuentas robadas para estas campañas.

Dentro de los principales objetivos de las campañas de desinformación, el Instituto de Internet de Oxford identifica, que buscan mostrar apoyo a algún actor político o social, atacar a oponentes e inhibir la participación mediante acoso selectivo o ataques personales; en Brasil y Ecuador también son utilizadas para distraer y en Argentina y en Colombia también se utilizan para polarizar la opinión pública.

Entre las diversas técnicas de desinformación que fueron identificadas en el reporte, en México se utilizan: creación de información falsa; reporte masivo para suspender cuentas o contenidos; uso estratégico de datos; troleo, *doxeo*[25] y hostigamiento; y la viralización de contenido de dudosa procedencia.

De acuerdo con el reporte, la manipulación de la opinión pública a través de redes sociales y el aprovechamiento de sus algoritmos, se encuentran en una escala sin precedentes y puede tener graves consecuencias en las democracias del mundo.

LA MANIPULACIÓN A TRAVÉS DE LA EDUCACIÓN.

En México, desde el inicio de la *revolución*[26], se pretendió expulsar a Dios de la vida pública; los revolucionarios buscaron darle consistencia a los supuestos *"valores"* de la nación mexicana; con ello se preparaba la crisis, con la que hoy lidiamos todos los mexicanos.

La educación basada en la *mentira* que se ha implementado en México, como un instrumento de dominio y que*"sirve de apoyo intelectual y moral al gobierno revolucionario"*, ha logrado crear tal confusión y resentimiento en las mentes jóvenes, que el resultado es la barbarie; es lógico que esto suceda cuando al joven no se le muestran ideales verdaderos y valores trascendentes, sino mentiras históricas, fruto de un *Jacobinismo*[27] disfrazado con la máscara de un progreso que cada día es más falso.

La manipulación de la historia, que hoy se enseña como la versión oficial, ha logrado por generaciones, que parte de la sociedad crea que Miguel Hidalgo es el *"padre del patria"*, que existió *"el pípila"*, que los españoles se *robaron* el oro que había en nuestro país y que el origen de todos los males que nos aquejan como sociedad, son fruto de un pasado en el que fuimos sometidos y obligados a asumir costumbres contrarias a las tradiciones nativas. *Nada más falso que eso.*

La masonería ha infiltrado la vida política, cultural, social y espiritual de muchos países. México no es la excepción. Sus acciones coordinadas, han contribuido a la decadencia de una sociedad que tenía un profundo arraigo en la fe católica. En el discurso de *Emilio Portes Gil*[28] ante la masonería mexicana, titulado *"La lucha se inició hace veinte siglos"*, exclamó:

"La lucha (sin embargo) no se inicia, la lucha es eterna. La

lucha se inició hace veinte siglos.... En México, el Estado y la Masonería en los últimos años han sido una misma cosa: dos entidades que marchan aparejadas, porque los hombres que en los últimos años han estado en el poder han sabido siempre solidarizarse con los principios revolucionarios de la Masonería".[29]

El 20 de julio de 1934, en la ciudad de Guadalajara, Jalisco, *Plutarco Elías Calles*, proclamó un discurso en el que señaló:

*"La Revolución no ha terminado. Los eternos enemigos la acechan y tratan de hacer nugatorios sus triunfos. Es necesario que entremos al nuevo periodo de la Revolución, que yo llamo el periodo revolucionario psicológico; debemos apoderarnos de las conciencias de la niñez, de las conciencias de la juventud porque son y deben pertenecer a la Revolución. Es absolutamente necesario sacar al enemigo de esa trinchera donde está la clerecía, donde están los conservadores; **me refiero a la escuela.** Sería una torpeza muy grave, sería delictuoso para los hombres de la Revolución, que no arrancáramos a la juventud de las garras de la clerecía y de las garras de los conservadores; y desgraciadamente la escuela en muchos Estados de la república y en la misma capital, está dirigida por elementos clericales y reaccionarios".*[30]

La educación en México, ha sido tomada por las mentes revolucionarias, que han pretendido sacar a Dios de la vida del ciudadano y manipular sus acciones, a través de la difusión de hechos históricos que poco se acercan a la realidad.

El 18 de febrero de 1981, *San Juan Pablo II*, proclamó un discurso ante miles de estudiantes, en el Campus de la Pontificia Universidad de Santo Tomás, Manila, en el que expuso lo siguiente:

"Para un estudiante universitario, ser Católico no es precisamente algo sobreañadido. Incluye valores que son originales y específicos; confiere el poder incomparable de

construir un mundo mejor y proclamar el reino de Dios. Como jóvenes universitarios católicos, están llamados a prestar una aportación específicamente católica a nivel universitario en la evangelización de la cultura. Como católicos, deben confesar a Cristo abiertamente y sin encogimiento en nuestro ambiente universitario. Si este testimonio no se diera, se privaría a la humanidad de un testimonio de expertos que es necesario y solo puede darlo quien se gloría de figurar en las filas de los seguidores de Cristo".

Contrario a lo que promueve la masonería, *San Juan Pablo II*, nos invita a ser valientes ante la mentira y la manipulación que se promueve en el mundo. Hay que dar testimonio de la verdad. Resulta fundamental, para evitar la manipulación sistemática, que exista una hambre de conocimiento, que nos permita como sociedad, ir más allá del discurso o la versión oficial, que las élites en el poder promueven.

CONCLUSIÓN.

La manipulación es una fuerza omnipresente en la sociedad humana, utilizada por individuos y grupos para influir en los pensamientos, emociones y acciones de otros. Desde su origen hasta sus formas contemporáneas de aplicación en la política, como el marketing y las relaciones personales, la manipulación sigue siendo una herramienta poderosa y a menudo destructiva. Sin embargo, al comprender sus mecanismos y consecuencias, podemos estar mejor equipados para resistir su influencia y promover relaciones y sociedades más justas y transparentes.

LA SOCIEDAD POSMODERNA

La sociedad posmoderna se configura como un actor antagónico a las certezas, estructuras y valores que definieron la modernidad. Tras el auge de la razón y el progreso, la posmodernidad emerge en el siglo XX como un fenómeno complejo que cuestiona las bases, valores y virtudes sobre las cuales se construyó el mundo moderno.

LAS CARACTERÍSTICAS.

La *"posmodernidad"* ha sido objeto de múltiples interpretaciones, abarcando tanto un período histórico como una actitud frente al conocimiento, la cultura y la política. Si bien es difícil encapsular la posmodernidad en una definición única, podemos identificar algunos de sus rasgos distintivos, como el rechazo a las narrativas universales, el desprecio a la racionalidad, la fragmentación del sujeto, y la confusión entre realidad y representación.

El término *"posmodernidad"* se refiere a un conjunto de actitudes y cambios intelectuales que surgieron a finales del siglo XX como una reacción a los principios de la modernidad. La modernidad, caracterizada por la fe en la razón, el progreso y la objetividad científica, fue paulatinamente criticada por lo que se percibía como su incapacidad para dar respuesta a los problemas del siglo XX, como las guerras mundiales, el colonialismo y las desigualdades estructurales.

En un mundo donde las fronteras entre lo real y lo simbólico se desdibujan, y donde el individuo se encuentra inmerso en una maraña de identidades y significados fluctuantes, es crucial comprender los mecanismos que operan en esta sociedad para poder navegarla de manera consciente y crítica.

La posmodernidad se caracteriza por su rechazo a las grandes narrativas o *metarrelatos*[31] que dominaron la modernidad. Estos metarrelatos, como la creencia en el progreso continuo, la racionalidad universal y la primacía de la ciencia, proporcionaron un marco unificador para entender la realidad. Sin embargo, la posmodernidad desafía estas ideas, proponiendo en su lugar una multiplicidad de narrativas, cada una con su propia legitimidad subjetiva.

Jean François Lyotard, en su obra *"La condición posmoderna"*[32], describe este fenómeno como la *"incredulidad hacia los metarrelatos"*. Según *Lyotard*, en la sociedad posmoderna, ya no se busca una verdad única o universal, sino que se acepta la coexistencia de múltiples verdades, aun cuando estas *"verdades"* esten plagadas de irracionalidad y carencia de fundamentos. Este relativismo *epistemológico*[33] ha llevado a una crisis de autoridad en diversas áreas del conocimiento, cuestionando no solo la ciencia y la religión, sino también los fundamentos éticos y morales que habían regido la vida social.

Uno de los aspectos más problemáticos de la *posmodernidad*, según *Agustin Laje*[34], es el *relativismo*. Para él, la negación de la objetividad y la verdad universal socava las bases éticas y morales sobre las cuales se construye una sociedad funcional. En un mundo donde todas las verdades son válidas y ninguna es superior a otra, los principios éticos fundamentales, como la justicia o los derechos humanos, pierden su sentido.

Desde esta perspectiva, *Laje* argumenta que el relativismo posmoderno ha debilitado la capacidad de la sociedad para hacer juicios morales claros. Por ejemplo, prácticas que antes eran condenadas como inmorales, ahora son defendidas bajo el manto de la *"diversidad cultural"* o la *"tolerancia"*. Esto ha generado una *"tolerancia mal entendida"*, que lleva a la aceptación de actitudes o comportamientos que antes hubieran sido moralmente reprochables.

El relativismo también rechaza la idea de valores absolutos. En lugar de ello, los valores son vistos como construcciones sociales y culturales, sujetos a cambios y reinterpretaciones. Esta perspectiva plantea desafíos significativos para la convivencia social, ya que la ausencia de un marco ético común puede llevar a la fragmentación y al conflicto.

Otra característica central de la visión posmoderna, es la concepción del sujeto como un ente *"fragmentado"*. A diferencia del sujeto moderno, que se concebía como un ser racional, coherente y autónomo, el sujeto posmoderno es *múltiple y fluido*. Esta visión está influenciada por corrientes filosóficas como el psicoanálisis, el estructuralismo y el *posestructuralismo*[35], que han cuestionado la idea de una identidad fija e inmutable.

Sigmund Freud, con su teoría del inconsciente, y *Jacques Lacan*, con su énfasis en la estructura del lenguaje, aportaron a la definición de la subjetividad como un proceso dinámico, en constante devenir. *Michel Foucault*, por su parte, destacó cómo las estructuras de poder influyen en la construcción de la identidad, sugiriendo que el YO *no es una entidad autónoma, sino el resultado de múltiples discursos y prácticas sociales.*

En la sociedad posmoderna, el individuo se enfrenta a una multiplicidad de roles e identidades, lo que refleja una pérdida de la unidad y coherencia que caracterizaba al sujeto moderno. Esta fragmentación se ve exacerbada por la *globalización* y la *digitalización*, que ofrecen un sinfín de narrativas y modelos de vida, cada uno con su propia lógica y *"sentido"* de realidad.

Uno de los conceptos más influyentes en la filosofía posmoderna es el de *simulacro*, desarrollado por *Jean Baudrillard*[36]. Según *Baudrillard*, en la sociedad contemporánea, las representaciones de la realidad han comenzado a reemplazar a la realidad misma, creando lo que él denomina *"hiperrealidad"*. En este contexto, las imágenes, los símbolos y las representaciones no solo reflejan la realidad, sino que la sustituyen, generando una nueva realidad que es indistinguible de la original.

Baudrillard argumenta que vivimos en una era de *simulacros*, donde la distinción entre lo real y lo imaginario se ha desvanecido. Ejemplos de esto se encuentran en la cultura de masas, donde las imágenes virales, los espectáculos y las narrativas de consumo crean una realidad artificial que las personas perciben como auténtica. Este fenómeno tiene profundas implicaciones para nuestra comprensión de la verdad, la autenticidad y la experiencia humana.

CAMPOS DE ACTUACIÓN.

En la era digital, la *hiperrealidad* se manifiesta en las redes sociales, donde las identidades y las experiencias se construyen y se consumen como productos mediáticos. La *vida en línea* se convierte en un escenario donde la realidad y la ficción se entrelazan, generando nuevas formas de interacción y percepción que pretenden redefinir lo que significa ser humano en el siglo XXI.

La cultura posmoderna se caracteriza por la mezcla y la fusión de diferentes estilos, géneros y tradiciones. Este fenómeno, conocido como *hibridación*, es una respuesta directa a la rigidez de las categorías culturales modernas. En lugar de seguir normas y cánones establecidos, la cultura posmoderna *celebra* la diversidad, el *eclecticismo*[37] y la experimentación.

En el ámbito del arte, por ejemplo, la posmodernidad se refleja en la disolución de las fronteras establecidas entre lo que *"consume"* la clase alta y la clase popular. Movimientos artísticos como el *PopArt*[38], encabezado por figuras como *Andy Warhol*, subvierten las distinciones tradicionales al incorporar elementos de la cultura popular en sus obras. Esta mezcla de lo culto y lo popular también se ve en la música, donde géneros como el rock, el rap y la electrónica se fusionan para crear nuevas formas de expresión.

La moda es otro campo donde se observa la hibridación posmoderna. Diseñadores como *Vivienne Westwood y Jean Paul Gaultier* han desafiado las convenciones al combinar estilos históricos, culturales y subculturales en sus colecciones. El resultado es una moda que refleja la pluralidad y la complejidad de la identidad posmoderna, donde las *reglas tradicionales ya no se aplican.*

Este *eclecticismo* cultural no solo es una manifestación de la libertad desenfrenada, sino también una respuesta a la globalización, que ha facilitado el acceso a una diversidad de influencias y referentes. Sin embargo, también plantea preguntas sobre *la autenticidad* y *la apropiación cultural*, ya que la mezcla de estilos y tradiciones a veces diluye el significado original de las formas culturales.

En la sociedad posmoderna, el consumo se ha convertido en una de las principales formas de construir y *"expresar"* la identidad. A medida que las narrativas tradicionales de clase, religión y comunidad han perdido su predominio, el consumo de bienes y servicios ha emergido como una forma *decadente* de diferenciación y pertenencia.

En este contexto, la publicidad juega un papel crucial al crear deseos y aspiraciones que moldean la forma en que las personas perciben el mundo y a sí mismas. La identidad se fragmenta en una serie de elecciones de consumo, desde la ropa y los dispositivos tecnológicos hasta las experiencias de ocio y las opciones alimenticias. Cada una de estas elecciones comunica algo sobre quiénes somos y cómo queremos ser percibidos por los demás.

LA GLOBALIZACIÓN.[39]

Esta relación entre consumo e identidad también tiene un

impacto profundo en la cultura popular. Los medios de comunicación, la moda y la industria del entretenimiento se han convertido en los principales campos de batalla donde se definen y redefinen las *"identidades"*. En la era de la globalización, estas industrias tienen un alcance total, lo que lleva a la difusión masiva de modelos culturales homogéneos y, al mismo tiempo, a la proliferación de nichos *anticulturales*[40], que permiten a las personas construir identidades a la medida, que muchas veces rayan en la locura.

La posmodernidad no puede entenderse, sin considerar el impacto de *"fuerzas"* como la globalización y la revolución digital. Es importante destacar, que hay un antes y un después, de la reclusión obligada por la *"pandemia del COVID"*. Estas *fuerzas* modificaron la forma en que se produce, se distribuye y se consume la cultura, creando un entorno donde las barreras espaciales y temporales se han disuelto.

La globalización ha facilitado el intercambio cultural a una escala sin precedentes, pero también ha generado tensiones entre la homogeneización y la diversificación cultural. Por un lado, la expansión de las empresas transnacionales y los medios de comunicación globales, han promovido la difusión de un modelo anticultural, antirracional y anticristiano hegemónico, centrado en el consumo y el entretenimiento. Por otro lado, la globalización ha permitido la emergencia de movimientos de resistencia cultural, que buscan preservar y revitalizar las identidades locales frente a la presión de la *anticultura* dominante.

La era digital ha exacerbado estos fenómenos, proporcionando nuevas plataformas para la creación y el intercambio cultural. Internet y las redes sociales han democratizado la producción cultural, permitiendo que individuos y grupos marginalizados tengan voz y presencia en el espacio público. Sin embargo, también han intensificado la fragmentación cultural, ya que los algoritmos tienden a crear *"burbujas de filtro"*[41], que censuran aquellas ideas que marcan disidencia a este mundo posmoderno desenfrenado e irracional.

En la cultura digital, la posmodernidad se manifiesta en la multiplicidad de narrativas y en la constante reconfiguración de las identidades. La cultura de los memes, los videos virales y las comunidades en línea reflejan la fluidez y la temporalidad de la experiencia posmoderna, donde las fronteras entre lo real y lo virtual, lo individual y lo colectivo, se desdibujan.

SISTEMAS POLÍTICOS.

La posmodernidad ha desafiado profundamente los sistemas políticos tradicionales, que en gran medida se construyeron sobre las bases de las grandes narrativas modernas, como el liberalismo, el socialismo y la democracia representativa. En la sociedad posmoderna, estos sistemas han comenzado a ser percibidos como ineficaces, corruptos o desconectados de las realidades y necesidades de las personas.

Este desencanto ha llevado a una creciente desconfianza hacia las instituciones políticas establecidas, incluidas las gubernamentales y las legislativas. La globalización y la revolución digital han expuesto las limitaciones de los *estados-nación* para resolver problemas que son intrínsecamente globales, como la desigualdad económica y las carencias sociales.[42]

El auge de los *movimientos populistas* es una manifestación clara de esta crisis. Estos movimientos, que se caracterizan por su retórica *antielitista* y su apelación directa al *"pueblo"*, han ganado terreno en muchas partes del mundo, incluyendo México. Su éxito refleja el descontento de amplios sectores de la población con los partidos políticos tradicionales, a los que ven como parte del sistema que los ha excluido. La política posmoderna, en este sentido, es fragmentada y pluralista, con múltiples actores que compiten por el poder y la influencia.

En la sociedad posmoderna, la política ha pasado a centrarse en lo simbólico y lo performativo, más que en los programas *ideológicos* o en las políticas concretas. Este cambio se ha visto facilitado por los medios de comunicación y las redes sociales, que han convertido la política en un espectáculo mediático, donde las imágenes, los gestos y los discursos emocionales tienen más peso que las propuestas racionales o los debates sustantivos. Hoy vemos de manera común, que los políticos se han atrevido a presentar y promover una serie de acciones legislativas, que a simple vista son irracionales, pero que tienen un respaldo de esta sociedad posmoderna.

La política de lo simbólico se manifiesta en la forma en que los líderes políticos construyen y proyectan su imagen pública. En lugar de centrarse en la política de contenidos, muchos políticos posmodernos optan por estrategias que priorizan la creación de una marca personal y la manipulación de símbolos que resuenen con las emociones y las identidades de sus seguidores. Como ejemplo claro de ello, tenemos a los candidatos que *Movimiento Ciudadano*[43] postuló en las elecciones del 2024. Este enfoque ha dado lugar a una política de identidades, donde el énfasis se coloca en la representación y la visibilidad de ciertos grupos o ideas, más que en el logro de objetivos concretos.

Esta politización de lo simbólico, también ha dado lugar a un fenómeno conocido como *"política de la posverdad"*, donde los hechos objetivos son menos influyentes en la formación de la opinión pública que los llamados a la emoción y las creencias personales. En un entorno mediático saturado de información, la verdad se fragmenta en múltiples *versiones distorsionadas*, cada una apoyada por su propia narrativa y audiencia.

Otra característica de la política posmoderna es la fragmentación del poder. Mientras que en la modernidad el poder estaba claramente centralizado en el Estado, en la posmodernidad se observa una dispersión del poder hacia actores no estatales, como empresas multinacionales, organizaciones no gubernamentales, movimientos sociales y redes de activistas.

Esta fragmentación ha dado lugar a nuevas formas de gobernanza global, donde las decisiones políticas se toman en foros internacionales, alianzas transnacionales y redes multilaterales, más allá de los mecanismos democráticos tradicionales. Esto ha generado un escenario político más complejo, donde el poder se distribuye de manera más difusa, y donde la capacidad de influencia ya no se limita a los gobiernos, sino que se extiende a una variedad de actores con diferentes agendas y recursos.

Al mismo tiempo, la fragmentación del poder ha permitido el surgimiento de nuevas formas de activismo y resistencia. Movimientos como el feminismo, los colectivos *LGBTQ+* y los promotores de los *derechos humanos selectivos*[44], han utilizado las redes sociales y otras herramientas digitales, para movilizar simpatizantes en todo el mundo, a menudo fuera de las estructuras políticas formales. Estos movimientos representan una nueva forma de política, más horizontal y descentralizada, que desafía las jerarquías tradicionales.

CONCLUSIÓN.

La sociedad posmoderna, con sus complejidades y contradicciones, representa un momento histórico en el que las certezas del pasado están siendo reemplazadas por una pluralidad irracional de perspectivas y experiencias. Filosóficamente, la posmodernidad ha pretendido desmantelar las grandes narrativas de la modernidad, promoviendo un relativismo e irracionalidad que cuestionan la posibilidad de una verdad universal. Culturalmente, ha celebrado la diversidad y el eclecticismo, al tiempo que ha fomentado una cultura de consumo donde la identidad se construye a través de lo que *compramos y mostramos*. Políticamente, ha desafiado las estructuras tradicionales, promoviendo nuevas formas de gobernanza y activismo que reflejan la fragmentación y dispersión del poder.

La falta de certezas que promueve la posmodernidad, está encaminando a la sociedad al cinismo y al nihilismo, mientras que la fragmentación de la identidad y el poder puede dificultar la construcción de un sentido común y una acción colectiva. En un mundo donde las fronteras entre lo real y lo simbólico se desdibujan, es crucial desarrollar una conciencia crítica que nos permita navegar por este paisaje complejo sin perder de vista los valores fundamentales que nos conectan como sociedad.

LA LUCHA DE CLASES

Uriel Esqueda

La lucha de clases, es un concepto central en la teoría social y política *marxista*; a lo largo de los años, dicho concepto ha evolucionado y es pieza clave en otras corrientes del pensamiento como lo son el *feminismo* y la *ideología de género*.

En su obra, *El Manifiesto Comunista* (1848), *Marx* y *Engels* establecieron que *"la historia de todas las sociedades existentes hasta ahora, es la historia de la lucha de clases"*. Según ellos, la sociedad siempre ha estado dividida en clases con intereses económicos antagónicos, lo que inevitablemente conduce a conflictos.

ETAPAS.

Marx identificó varias etapas de la lucha de clases a lo largo de la historia, desde la sociedad esclavista, pasando por el feudalismo, hasta llegar al capitalismo. En cada una de estas etapas, las relaciones de producción generaron divisiones de clase; donde una clase dominante explota a una clase subyugada. En el capitalismo, estas clases son la burguesía (propietarios de los medios de producción) y el proletariado (trabajadores asalariados).

El capitalismo, según *Marx*, contiene en sí mismo *las semillas de su destrucción*. La explotación del proletariado genera una creciente contradicción que, eventualmente, conduciría a la revolución proletaria y a la abolición de las clases sociales, estableciendo una *sociedad comunista*.

A lo largo del siglo XX, el marxismo evolucionó y se diversificó, adaptando y reinterpretando la lucha de clases en diferentes contextos históricos y geográficos. La Revolución Rusa de 1917, fue uno de los eventos más significativos que llevaron a la implementación práctica de las teorías marxistas, aunque con variaciones significativas bajo la interpretación de *Lenin*.[45]

El *marxismo-leninismo*, que emergió como la doctrina oficial de la Unión Soviética, introdujo el concepto de la *dictadura del proletariado* como una etapa necesaria para la transición hacia el comunismo. Sin embargo, el fracaso del comunismo real en el siglo XX y la caída de la URSS llevaron a una crisis en la teoría marxista ortodoxa, que se vio obligada a revaluar sus postulados y buscar nuevas formas de interpretar la lucha de clases en el contexto globalizado contemporáneo; es en este contexto, que el movimiento feminista y la ideología de género toman un papel relevante para la instauración de una sociedad posmoderna.

EL FEMINISMO.

El feminismo, como movimiento social y teoría política, ha abordado la cuestión de la lucha de clases, desde una perspectiva que pone en primer plano, la opresión del sexo *más fuerte* sobre el *más débil*. Mientras que el marxismo tradicionalmente ha centrado su análisis en la explotación económica, el feminismo ha ampliado este enfoque para incluir las dinámicas de poder basadas en el sexo, señalando que las mujeres, independientemente de su clase económica, han sido sistemáticamente subyugadas por los hombres.

El feminismo no es inflexible; existen múltiples corrientes que interpretan la lucha de clases y la *"opresión"* de distintas maneras. Algunas corrientes feministas han adaptado la teoría marxista, dando lugar al feminismo marxista, que integra la lucha de clases y la opresión de *género*[46] como interrelacionadas. Las feministas marxistas sostienen que la opresión de género es una forma específica de la lucha de clases, argumentando que el capitalismo se sostiene en la doble explotación de las mujeres: como trabajadoras y como responsables del trabajo doméstico no remunerado.

En su *"análisis"*, las feministas marxistas han destacado cómo el trabajo de las mujeres en el hogar, que no es remunerado de manera económica, es fundamental para la reproducción de la fuerza laboral y, por lo tanto, para la perpetuación del capitalismo. Este trabajo, conocido como *"trabajo reproductivo"*, incluye tareas como el cuidado de los hijos, la preparación de alimentos y el mantenimiento del hogar, que son esenciales para la supervivencia diaria de los trabajadores.

Autoras como *Silvia Federici*[47] y *Mariarosa Dalla Costa* han argumentado de manera conveniente, que la lucha de clases no puede entenderse plenamente sin reconocer la explotación de género en el ámbito doméstico. La propuesta de *"salario para el trabajo doméstico"* fue una de las estrategias que buscaba hacer *"visible esta explotación"* y vincularla directamente con la lucha de clases más amplia contra el capitalismo.

Otras corrientes, como el feminismo radical y el feminismo interseccional, han introducido nuevos marcos conceptuales para dar a entender cómo la clase económica, el sexo *"asignado al nacer"* y la limitación de los derechos, interactúan con otras formas de opresión, siendo el culpable de este sometimiento en todos los supuestos, el hombre.

El feminismo radical, sostiene también que la opresión de género es la forma primaria y más antigua de opresión social, antecediendo incluso a la lucha de clases basada en la propiedad de los medios de producción. Para las feministas radicales, el *patriarcado*[48] es un sistema social en el que los hombres dominan a las mujeres y es la base sobre la cual se construyen otras formas de opresión, incluyendo la explotación de clase.

Shulamith Firestone, una de las teóricas feministas radicales más influyentes, argumentaba que la biología de la reproducción había sido históricamente utilizada para justificar la subordinación de las mujeres, y que la verdadera liberación sólo sería posible mediante la abolición del patriarcado y la transformación radical de los roles social y culturalmente establecidos.

Esta corriente feminista ha sido crítica del marxismo, por no abordar suficientemente el patriarcado como una estructura de poder autónoma, que debe ser combatida en paralelo a la lucha contra el capitalismo.

LA IDEOLOGÍA DE GÉNERO.

En paralelo, la ideología de género, es un concepto que ha ganado prominencia en debates contemporáneos. Los que empleamos dicho concepto, hacemos referencia a un conjunto de ideas, creencias y argumentos firmes, que sostienen que el término *"género"*, es una construcción social, sin base científica ni académica, que pretende normalizar conductas asociadas a parafilias.

Los detractores de dicho concepto, sostienen que algunas corrientes políticas y religiosas lo han utilizado de manera peyorativa, para criticar movimientos que promueven los *supraderechos*[49] LGBTQ+. Desde esta perspectiva, la lucha de clases no solo implica la confrontación entre diferentes clases económicas o roles de género, sino también implica una confrontación social por la liberación sexual desenfrenada, que al estar reprimida promueve la opresión y la desigualdad.

Algunas corrientes marxistas han sido críticas de la ideología de género, argumentando que la atención excesiva a las identidades de género puede desviar el foco de la lucha de clases y la explotación económica. Desde esta perspectiva, la lucha contra el capitalismo debería ser el objetivo principal, ya que las desigualdades de género y otras formas de opresión serían resueltas mediante la abolición de las clases.

Sin embargo, otras corrientes marxistas han intentado integrar la ideología de género en su análisis, reconociendo que las luchas por la liberación sexual desenfrenada y la clase económica, están interconectadas. Esto ha dado lugar a una visión más *"inclusiva"* del marxismo que reconoce la necesidad de abordar la opresión, en múltiples frentes simultáneamente.

LA VISIÓN QUEER.

La visión queer, que forma parte de la ideología de género, cuestiona las categorías fijas de la sexualidad. A partir de los años 90, esta teoría ha criticado tanto las normas sociales tradicionales, como las políticas de identidad, que *"encasillan"* a las personas en categorías fijas, es decir hombre y mujer. Esta teoría ha impulsado la creación de movimientos sociales, que pugnan por el reconocimiento de *supraderechos* para personas *"trans"* y de aquellas que se identifican con la práctica de alguna otra parafilia.

Desde la perspectiva queer, la lucha de clases también puede ser vista como una lucha contra las normas sociales, que dictan el comportamiento *"apropiado"* para diferentes gustos y actividades sexuales. Esta visión propone una transformación más profunda de la sociedad, en la que no solo se derroquen las jerarquías económicas, sino también las *"jerarquías de sexualidad"*.

Movimientos como el transfeminismo han emergido para abordar la supuesta doble discriminación que enfrentan las personas trans y *no binarias*, quienes según su concepto, además de sufrir opresión al no tener libertad sexual desenfrenada, a menudo enfrentan precariedad económica.

CONCLUSIÓN.

El concepto de lucha de clases, aunque originado en el marxismo, ha evolucionado significativamente a lo largo del tiempo, adaptándose a una nueva lucha, que a simple vista dice pelear por los derechos de los desposeídos, pero que en realidad pugna por una decadencia racional, social y cultural, en perjuicio principalmente, de los más indefensos.

Es importante destacar que promotoras del feminismo radical e ideología de género, tienen entre sus objetivos, el lograr que se reconozca como derecho, el poder disponer de la vida de terceros, sin tener sanciones jurídicas. El aborto, es otro de los temas centrales que forma parte de esta evolución de la lucha de clases.

Marxismo, feminismo, promotores de la ideología de género y movimientos sociales que pugnan por la liberación sexual desenfrenada, están interrelacionados. Su estrategia en común, es el encontrar un *"enemigo"* en particular contra el que deben luchar, conseguir adeptos que acepten sus consignas y manipularlos para obtener réditos sociales, políticos y económicos. Contrario a lo que creen los adeptos de estos grupos sociales, no luchan contra el *establishment*[50], más bien son parte de una agenda de grupos en el poder, que buscan mantener su *status quo*[51], a costa de la manipulación social.

LA REINGENIERÍA SOCIAL

"Si no estás preparado para morir por ella, saca la palabra LIBERTAD de tu vocabulario".

Malcolm Little

La reingeniería social es un concepto que ha cobrado relevancia significativa en las últimas décadas, especialmente en el contexto de las sociedades modernas donde la interacción entre tecnología, política, cultura y economía genera dinámicas sociales complejas. En términos generales, la reingeniería social, desde el punto de vista ideológico, se refiere a la práctica de eliminar o rediseñar aspectos culturales, religiosos o sociales que le han dado vida a una nación, incluso en contra de las tradiciones, usos y costumbres más arraigadas. Aunque el término ha sido utilizado en diversos contextos, su esencia radica en la modificación deliberada de las estructuras sociales, comportamientos colectivos y actitudes, mediante estrategias sistemáticas y, con frecuencia, bajo la dirección de instituciones con poder político, económico o cultural.

El concepto tiene raíces profundas en la sociología y la antropología, disciplinas que han explorado cómo las estructuras sociales y culturales pueden ser moldeadas, transformadas y manipuladas por diferentes fuerzas. Los primeros teóricos del siglo XX en el campo de la psicología conductual, como *B. F. Skinner*[52], fueron pioneros en la idea de que el comportamiento humano podía ser modificado y manipulado mediante técnicas específicas, anticipando de alguna manera los debates actuales sobre la reingeniería social. La reingeniería social ha evolucionado y expandido su alcance desde entonces, convirtiéndose en un fenómeno observable en una amplia gama de campos que incluyen la política, la economía, la tecnología, la educación, la religión y el medio ambiente.

Otro teórico influyente fue *Karl Popper*[53], quien en su obra *La sociedad abierta y sus enemigos,* criticaba las grandes utopías sociales y proponía en su lugar, un enfoque de *"ingeniería social gradual". Popper* sugería que, en lugar de intentar imponer un orden social ideal de manera abrupta, las sociedades deberían enfocarse en solucionar problemas específicos mediante reformas graduales, lo que puede considerarse una forma temprana de reingeniería social.

EL MUNDO CONTEMPORÁNEO.

En la actualidad, la reingeniería social es un tema que despierta tanto interés como controversia. Su aplicación en áreas tan diversas como las políticas gubernamentales, las plataformas digitales, el mercado global y las instituciones religiosas demuestra su importancia y la variedad de formas en que puede influir en la vida cotidiana de las personas. Por ejemplo, los esfuerzos de ciertos gobiernos para moldear la conducta de sus ciudadanos, el uso de algoritmos en redes sociales para dirigir el comportamiento en línea, y las estrategias de marketing que alteran los hábitos de consumo, son todas manifestaciones de la reingeniería social en acción. A su vez, estos esfuerzos no están exentos de críticas, particularmente en relación con las cuestiones éticas y morales que plantea la manipulación deliberada de grandes grupos sociales.

En la sociología, conceptos como el control social y la ingeniería social están íntimamente relacionados con la reingeniería social. El control social, que se refiere a los mecanismos mediante los cuales las sociedades mantienen el orden y la conformidad, es un precursor del concepto moderno de reingeniería social. La diferencia clave es que, mientras el control social se centra en mantener el status quo, la ingeniería social implica una intervención activa para transformar la estructura y el comportamiento social en busca de un objetivo específico.

Un ejemplo de reingeniería social, son las políticas populistas que se aplicaron en México desde el año 2018 a la fecha; dichas políticas se ejecutaron a través de programas sociales, que dotaban a los más desposeídos de una serie de beneficios, no con el objetivo de ayudarlos a superar sus precariedades, sino con la firme intención de mantenerlos desposeídos y esclavos del Estado; esto a su vez, los mantendría fieles a la ideología y movimiento político que los *"ayudó"*.

La antropología también ha contribuido a la comprensión de la reingeniería social a través de su estudio de las culturas y cómo estas cambian y se adaptan a nuevas circunstancias. Los antropólogos han demostrado cómo las estructuras culturales, las creencias y los rituales pueden ser modificados mediante el contacto con otras culturas, la imposición de nuevas religiones o la introducción de ideologías con respaldo de los grupos de poder. Estos estudios han revelado que el cambio social no es solo posible, sino a menudo inevitable, y que puede ser dirigido de manera consciente para lograr ciertos resultados, algunos de ellos desastrosos para la comunidad.

A lo largo de la segunda mitad del siglo XX, la reingeniería social comenzó a adquirir mayor importancia, especialmente a medida de que las tecnologías de la información y la comunicación empezaron a desempeñar un papel central en la organización de la vida social. El auge de la informática y posteriormente de internet, creó nuevas oportunidades para influir en las conductas sociales a gran escala, lo que llevó a una revalorización del concepto de reingeniería social en el contexto de las sociedades digitales.

LA INSTRUMENTALIZACIÓN.

La reingeniería social en su forma moderna se ha alejado de los enfoques conductistas clásicos y ahora abarca una amplia gama de estrategias que incluyen el diseño de políticas públicas, la manipulación de información en plataformas digitales, y el uso de medios de comunicación para moldear la opinión pública. En este sentido, la reingeniería social se ha convertido en una herramienta clave para gobiernos, corporaciones y otras instituciones con el poder de influir en la organización social.

En el ámbito político, la reingeniería social ha sido utilizada por gobiernos de todo el mundo para intentar moldear el comportamiento de sus ciudadanos y reestructurar la sociedad de acuerdo con ciertas ideologías o metas de desarrollo.

Un caso histórico significativo, es la transformación de China bajo el mando de *Mao Zedong*[54] durante la Revolución Cultural, donde se intentó rediseñar la sociedad china según los principios del comunismo. Las reformas agrícolas, la colectivización y la represión de la cultura tradicional fueron todas parte de un esfuerzo de reingeniería social masiva que buscaba crear una nueva sociedad en línea con los ideales maoístas-comunistas. Aunque estos esfuerzos lograron cambiar radicalmente algunos aspectos de la sociedad china, también tuvieron consecuencias desastrosas, como la muerte de más de 65 millones de chinos, hambruna masiva, represión cultural y persecución religiosa.

La tecnología, y en particular las redes sociales, se ha convertido en una herramienta poderosa de reingeniería social. Las plataformas digitales, como *Facebook, Instagram, Twitter y TikTok*, utilizan algoritmos que personalizan el contenido para cada usuario, lo que puede influir en su comportamiento y opiniones. Esta personalización se basa en datos recogidos de los usuarios, que luego se utilizan para ofrecerles contenido que es probable que les guste o con el que interactúen.

Este fenómeno no es simplemente una cuestión de conveniencia o entretenimiento; tiene profundas implicaciones sociales y políticas. Por ejemplo, se ha demostrado que las redes sociales pueden amplificar las divisiones políticas al mostrar a los usuarios información que refuerza sus creencias existentes, lo que lleva a una mayor polarización. Además, estas plataformas han sido acusadas de influir en procesos electorales al permitir la propagación de desinformación y manipulación política.

Más allá de las redes sociales, la tecnología en general juega un papel central en la reingeniería social. Las iniciativas de *ciudades inteligentes*[55], que utilizan tecnologías de la información para gestionar eficientemente los recursos urbanos, representan una forma de reingeniería social en la que se busca rediseñar el espacio urbano para mejorar la calidad de vida, reducir el impacto ambiental y optimizar el uso de recursos.

En el ámbito económico, la reingeniería social se manifiesta en las estrategias de marketing y las políticas de consumo que buscan moldear y muchas veces manipular el comportamiento de los consumidores. Las empresas utilizan técnicas sofisticadas de análisis de datos para predecir las preferencias de los consumidores y diseñar campañas publicitarias que influyan en sus decisiones de compra. Resulta cada vez más común, que al entablar una conversación personal, el teléfono móvil *"te escucha"* sin que lo tengas activo; cuando vuelves a interactuar de manera efectiva con tu teléfono móvil, te muestra de manera *"sorprendente"* datos y elementos de consumo sobre la conversación que entablaste. Este enfoque se ha visto potenciado por el auge del comercio electrónico, donde las plataformas pueden personalizar la experiencia de compra en línea en función del comportamiento pasado del usuario.

El sistema educativo es uno de los mecanismos más poderosos de reingeniería social, ya que permite a los gobiernos y a otras instituciones influir en la mente de las personas desde una edad temprana. Las reformas educativas, que buscan implementar *"la educación oficial del estado"* o la aplicación de políticas de educación con *"perspectiva de género"*, son ejemplos de cómo se puede utilizar la reingeniería social para moldear y degradar a las futuras generaciones.

En México, a través de la educación *"oficial"* y las reformas educativas, se busca deformar a los más jóvenes, dotándolos de información sesgada, ideologizada y carente de sustento científico; esto provocará la polarización social, la decadencia racional y el estancamiento indefinido de nuestra nación.

FORMAS DE APLICACIÓN.

La cultura, en términos más amplios, también es un terreno fértil para la reingeniería social. Los medios de comunicación, la literatura, el arte y el entretenimiento, juegan un papel crucial en la conformación de las normas sociales y los valores culturales. Las campañas de medios que promueven la diversidad y la inclusión, por ejemplo, han contribuido a cambiar actitudes hacia temas que antes eran insostenibles, como la ideología de género, los supraderechos *LGBTQ+*, el aborto, el feminismo radical, etc. Estas iniciativas culturales, buscan manipular a la sociedad para forzar cambios sociales a largo plazo. Como ejemplo de ello, podemos observar las prácticas de *Disney Company*[56], que a través de sus series y películas, han buscado deformar la conciencia de los más pequeños.

La reingeniería social en el campo religioso es una dimensión especialmente compleja, ya que involucra la transformación de creencias profundamente arraigadas y prácticas que han sido fundamentales para las identidades individuales y colectivas a lo largo de la historia. La religión, como conjunto de creencias, ha sido históricamente una de las fuerzas positivas más poderosas en la configuración de sociedades. No obstante, también ha sido objeto de reingeniería social, tanto por instituciones religiosas como por poderes políticos que buscan alinear las prácticas y creencias religiosas con objetivos sociales más amplios.

Un ejemplo significativo de reingeniería social en la religión es la Reforma Protestante del siglo XVI. Este movimiento no solo cambió la estructura de la Iglesia Católica, sino que también transformó profundamente a la sociedad europea, alterando las relaciones de poder, la economía y la vida cotidiana. *Martín Lutero* y otros reformadores utilizaron la reingeniería social para romper con las prácticas establecidas, promoviendo una *"nueva forma de cristianismo"* que enfatizaba la fe individual sobre la autoridad central de la Iglesia.

En tiempos más recientes, la reingeniería social en el ámbito religioso puede observarse en la secularización promovida por algunas naciones. En países como Francia y Turquía, los gobiernos han implementado políticas que buscan reducir la influencia de la religión en la vida pública, fomentando una identidad nacional que se define por valores laicos en lugar de religiosos. Estas políticas a menudo involucran reformas educativas, legislativas y culturales diseñadas para alejar a la sociedad de prácticas y creencias religiosas tradicionales.

Otra manifestación moderna de la reingeniería social en el ámbito religioso es el uso de medios de comunicación por parte de movimientos religiosos para expandir su influencia. Por ejemplo, el evangelismo en Estados Unidos ha utilizado con éxito la televisión, la radio y las plataformas digitales para difundir su mensaje y atraer seguidores, reconfigurando la forma en que la religión se practica y se percibe en la sociedad contemporánea.

En México, un ejemplo de reingeniería social a través de la religión, se puede apreciar en las acciones que realizan las llamadas *"Católicas por el Derecho a Decidir"*, que a través de mensajes sofisticados, creados a partir de la manipulación de la doctrina social de la Iglesia, han logrado incidir en *católicos de nombre*, impulsando ideas que han polarizado a propios y extraños.

Estos ejemplos ilustran cómo la reingeniería social en la religión no sólo implica cambios en las prácticas y creencias, sino que también puede alterar la estructura social en su conjunto, afectando la identidad cultural y la cohesión social. Al transformar las creencias religiosas, la reingeniería social en este campo puede tener un impacto duradero en las normas y valores que guían a una sociedad.

Las iniciativas de reingeniería social a menudo están en el centro de los debates sobre derechos humanos y ética. La manipulación deliberada de estructuras sociales para lograr ciertos fines puede entrar en conflicto con los principios de libertad individual y autonomía personal. Por ejemplo, las políticas que buscan cambiar los comportamientos sociales en aras de respetar los *"derechos de las minorías"*, pueden ser vistas como una forma de coerción, lo que plantea preguntas sobre los límites de la intervención estatal o corporativa en la vida de los individuos.

EL PELIGRO INMINENTE.

Un área de particular preocupación, es la reingeniería social en relación con la vigilancia y el control estatal. En algunos regímenes autoritarios, la reingeniería social se utiliza para justificar la represión de disidencias, la imposición de un control estricto sobre la sociedad y el impulso de un *pensamiento único o dictadura ideológica de estado*. Esto puede incluir desde la censura de medios y la manipulación de la opinión pública, hasta la implementación de sistemas de vigilancia masiva, como el sistema de crédito social en China, que evalúa el comportamiento de los ciudadanos y les otorga un puntaje que afecta su acceso a servicios y oportunidades.

El objetivo del sistema de crédito social en China, es promover lo que el gobierno chino denomina *"confianza"* en la sociedad, alentando comportamientos considerados positivos y sancionando aquellos considerados negativos. Por ejemplo, un ciudadano con un puntaje alto podría tener acceso preferencial a préstamos bancarios, mientras que uno con un puntaje bajo podría enfrentar restricciones para viajar o dificultades para acceder a ciertos servicios públicos.

Este sistema representa una forma extrema de reingeniería social, donde el estado busca rediseñar el comportamiento social a gran escala utilizando tecnologías de vigilancia y *big data*. Si bien el gobierno chino presenta el sistema como una forma de mejorar la seguridad y la confianza en la sociedad, ha sido ampliamente criticado por su potencial para violar derechos humanos fundamentales, como la privacidad y la libertad de expresión. Los críticos argumentan que el sistema de crédito social es una forma de control social autoritario, que utiliza la tecnología para imponer la conformidad y castigar la disidencia al régimen político.

Estos ejemplos subrayan la necesidad de considerar cuidadosamente las implicaciones éticas de la reingeniería social, especialmente en lo que respecta a la preservación de los derechos humanos y las libertades fundamentales.

En un contexto muy diferente, las grandes corporaciones en muchas partes del mundo, están implementando políticas de *diversidad e inclusión* como parte de su estrategia de reingeniería social. Estas políticas buscan rediseñar las culturas organizacionales para ser más *"inclusivas"*, promoviendo la igualdad de oportunidades para empleados de diferentes *géneros*, razas, etnias, orientaciones sexuales y antecedentes culturales.

Estas iniciativas, suelen incluir la creación de recursos para empleados, programas de mentoría, formación sobre *prejuicios inconscientes* y ajustes en los procesos de contratación y promoción para asegurar la *diversidad*. Además, muchas empresas están adoptando políticas de *"cero tolerancia"* hacia el acoso y la discriminación, lo que refuerza un cambio en las normas culturales dentro del lugar de trabajo.

El objetivo de estas políticas no es solo cumplir con las regulaciones legales, sino también transformar el entorno laboral en un espacio donde la diversidad sea *"valorada"* y donde todas las personas tengan la oportunidad de prosperar. Las empresas que implementan estas políticas a menudo buscan también mejorar su reputación pública y atraer a consumidores que valoran los temas de falsa inclusión y diversidad.

Sin embargo, estas políticas de reingeniería social en el ámbito empresarial son altamente criticables, pues la gran mayoría de las políticas empresariales, promovidas a favor de la *"inclusión y diversidad"*, son percibidas como forzadas o que pueden llevar a una cultura de *"corrección política"* excesiva que limita la libertad de expresión; además de que se presta a efectuar contrataciones para cubrir una *cuota*, dejando de lado las capacidades y aptitudes; esto ha llevado al colapso de empresas e instituciones.

La reingeniería social también ha jugado un papel crucial en la manipulación de la opinión pública durante los procesos electorales, un fenómeno que se ha hecho evidente en varias elecciones recientes en todo el mundo. Un ejemplo particularmente significativo es el escándalo de *Cambridge Analytica*, una firma de consultoría política que utilizó datos personales de millones de usuarios de Facebook sin su consentimiento, para influir en la campaña del *Brexit*[57] en el Reino Unido.

Cambridge Analytica utilizó la reingeniería social de manera sofisticada, al crear perfiles psicológicos de los votantes a partir de sus datos en redes sociales, y luego diseñó mensajes políticos altamente personalizados para influir en sus decisiones de voto. Este tipo de *microtargeting*[58] permitió a las campañas políticas llegar a los votantes de manera más efectiva, explotando sus miedos, deseos y creencias para dirigir su comportamiento electoral.

Este caso ha puesto de manifiesto, cómo la reingeniería social puede ser utilizada de manera insidiosa para manipular la opinión pública y socavar la integridad de los procesos democráticos. La capacidad de las empresas y los actores políticos para recolectar y analizar grandes volúmenes de datos personales ha generado preocupaciones sobre la privacidad, la transparencia y la equidad en las elecciones. La manipulación de la información y la difusión de noticias falsas son herramientas poderosas que, cuando se combinan con estrategias de reingeniería social, pueden alterar significativamente el curso de la democracia.

Uno de los argumentos más potentes en contra de la reingeniería social, es que puede erosionar la libertad individual, ya que a menudo implica la intervención en la vida privada de las personas, para promover ciertos comportamientos o creencias. Esta crítica es especialmente relevante en contextos, donde los gobiernos o las corporaciones utilizan herramientas de vigilancia y manipulación para dirigir el comportamiento de los ciudadanos o consumidores.

Esta crítica no se limita a los regímenes autoritarios. En las democracias liberales, la reingeniería social también puede representar una amenaza para la libertad individual, especialmente cuando se implementan políticas paternalistas que buscan cambiar el comportamiento *"por el bien del pueblo"*. Si bien estas políticas pueden parecer bien intencionadas, la realidad es que representan una intrusión indebida a la vida personal y manipulan la toma de decisiones de los individuos.

CONCLUSIÓN.

La reingeniería social es un campo lleno de controversias. La erosión de la libertad individual, las cuestiones éticas relacionadas con la manipulación masiva y las posibles consecuencias no deseadas de las intervenciones sociales, son todas preocupaciones legítimas que deben ser abordadas de manera cuidadosa. A medida que la tecnología y las técnicas de reingeniería social continúan evolucionando, es esencial que las políticas se diseñen con un enfoque ético y equilibrado, que respete la autonomía y la libertad individual y considere los posibles impactos a largo plazo.

DICTADURA DEL PENSAMIENTO

"Libertad de expresión es decir lo que la gente no quiere oír".

George Orwell

La *"dictadura del pensamiento"*, también conocida como *"pensamiento único"*, es un concepto que, aunque abstracto en su esencia, se refiere a una realidad muy concreta en la vida política y social contemporánea. Este término alude a los esfuerzos sistemáticos y coordinados de los grupos de poder, para imponer una visión del mundo única, en la que se busca suprimir la diversidad de pensamiento y la disidencia. A lo largo de la historia, han existido diferentes formas de pensamiento único, desde los regímenes totalitarios del siglo XX hasta las más sutiles formas de censura y control ideológico en la era digital.

Dicho concepto puede entenderse, como un fenómeno en el que se establece una hegemonía ideológica que busca controlar y unificar el discurso público y privado. Esta imposición de un pensamiento único se logra mediante el uso de diversas estrategias que incluyen la censura, la propaganda, el control de la información, la educación ideológicamente sesgada, y la represión de voces disidentes.

La dictadura del pensamiento no se refiere únicamente a un sistema político o un gobierno autoritario, sino a cualquier estructura o entidad que utilice su poder para limitar la libertad de pensamiento y expresión. Esta forma de control puede manifestarse en diferentes ámbitos, desde el político hasta el cultural, y puede ser promovida por actores estatales, corporativos, o sociales.

LA VINCULACIÓN.

La dictadura del pensamiento está vinculada a la dictadura política y militar. Para instaurarse una dictadura, se requiere un control total sobre la sociedad, no solo a nivel político y militar, sino también a nivel ideológico y mental. A través de la represión del pensamiento crítico, la censura, la propaganda y la imposición de una única verdad, los regímenes dictatoriales aseguran que el poder permanezca incuestionado y perpetuado en el tiempo. Su vinculación se ve reflejada en la dinámica del poder autoritario. Sus principales manifestaciones son las siguientes:

CONTROL IDEOLÓGICO Y LEGITIMACIÓN DEL PODER. Una dictadura política o militar busca consolidar y perpetuar su poder. Para lograrlo, no solo se necesita controlar a las instituciones políticas y a la fuerza armada, también es necesario controlar el pensamiento de la sociedad. Esto implica la imposición de una doctrina ideológica, que legitime el poder de los gobernantes y desmotive cualquier oposición. En muchos regímenes dictatoriales, se crea una narrativa única, exaltando al líder y demonizando a los opositores, lo cual facilita el control ideológico y refuerza la obediencia.

REPRESIÓN DEL PENSAMIENTO CRÍTICO. Las dictaduras políticas y militares suelen censurar o reprimir a intelectuales, académicos, periodistas y cualquier voz disidente que pueda influir en la población. El pensamiento independiente es percibido como una amenaza que debe ser eliminada o, en su defecto, controlada. La dictadura del pensamiento, requiere la eliminación del pensamiento crítico, ya que este podría cuestionar las acciones y la legitimidad del régimen.

CENSURA Y PROPAGANDA. Las dictaduras políticas y militares, necesitan controlar los medios de comunicación y el acceso a la información. La censura se convierte en una herramienta para filtrar cualquier idea que contradiga los intereses del poder, mientras que la propaganda estatal es utilizada para moldear la percepción pública. Esta manipulación de la información, es una de las características más evidentes de la dictadura del pensamiento.

IMPOSICIÓN DE UNA VERDAD ABSOLUTA. En las dictaduras políticas y militares, se establece una única "verdad" que debe ser aceptada por todos. Esta verdad está alineada con los intereses del régimen, y cualquier idea que la contradiga es vista como subversiva. Esta imposición, de una versión absoluta de la realidad es fundamental para mantener el control mental y social, ya que limita el pluralismo y refuerza la uniformidad.

EDUCACIÓN COMO HERRAMIENTA DE CONTROL. El sistema educativo en una dictadura, suele ser manipulado para adoctrinar a las generaciones más jóvenes, moldeando su pensamiento de acuerdo con la ideología del régimen. Este control sobre la educación, asegura que las futuras generaciones crezcan con una visión del mundo que refuerce el poder político y militar de la dictadura.

MIEDO Y AUTOCENSURA. La represión que ejercen las dictaduras militares y políticas, genera un clima de miedo en la sociedad, lo que lleva a la autocensura. Los ciudadanos, temerosos de las represalias, evitan expresar cualquier idea o pensamiento que pueda ser considerado contrario al régimen. Esta autocensura es otro pilar fundamental de la dictadura del pensamiento, ya que las personas renuncian voluntariamente a su libertad de expresión por miedo a las consecuencias.

EL APOGEO.

El siglo XX fue testigo de la ascensión de varios regímenes totalitarios que intentaron imponer un pensamiento único. El caso de la Unión Soviética bajo *Stalin* y la Alemania nazi bajo *Hitler,* son ejemplos de ello. Ambos regímenes utilizaron una combinación de propaganda masiva, control de la información, educación ideológica, y represión violenta para eliminar cualquier forma de disidencia y consolidar una visión única del mundo.

En la Unión Soviética, el marxismo-leninismo se convirtió en la ideología oficial, y cualquier desviación de esta línea era castigada con severidad. Los medios de comunicación estaban completamente controlados por el Estado, y la educación estaba diseñada para inculcar los principios del comunismo desde una edad temprana. De manera similar, en la Alemania nazi, la ideología del nacionalsocialismo se impuso como la única verdad, con un énfasis en el nacionalismo extremo. La propaganda de *Goebbels*, el uso sistemático de la represión y el terror, aseguraron que cualquier forma de oposición fuera rápidamente silenciada.

LA EVOLUCIÓN.

Con la llegada de la era digital, las formas de imponer un pensamiento único han evolucionado, adaptándose a las nuevas tecnologías. Hoy en día, el control de la información ya no se realiza exclusivamente a través de medios de comunicación tradicionales, sino también a través de plataformas digitales y redes sociales. Los algoritmos de estas plataformas pueden ser diseñados para promover ciertas narrativas y suprimir otras, creando *cámaras de eco*[59] donde solo se escucha una versión de los hechos.

Además, la manipulación de la opinión pública a través de campañas de desinformación y *fake news*, ha demostrado ser una herramienta eficaz para moldear el pensamiento colectivo. Estados y actores no estatales han utilizado estas técnicas para influir en elecciones, incitar conflictos y manipular la percepción pública en diversos temas, desde la política hasta la ciencia.

El control de la información es uno de los métodos más antiguos y efectivos para imponer un pensamiento único. Este control puede llevarse a cabo de varias maneras, incluyendo la censura directa, la manipulación de los medios de comunicación, y el uso de algoritmos en plataformas digitales. Al controlar qué información llega al público y cómo se presenta, es posible moldear las percepciones y actitudes de las masas.

El más reciente caso de control de información que ha generado una gran polémica a nivel mundial, es el relacionado a la *"pandemia por COVID"*, en el que las redes sociales, principalmente las que son propiedad de *META*[60], censuraron toda clase de contenido que disentía con las medidas oficiales e información, que difundió el gobierno de Joe Biden en Estados Unidos.

En regímenes autoritarios, este control es explícito y sistemático. Por ejemplo, en Corea del Norte, el gobierno tiene un monopolio total sobre los medios de comunicación y el acceso a internet está severamente restringido, limitando a la población a una visión del mundo completamente controlada por el Estado. En democracias, el control de la información puede ser más sutil, pero no menos efectivo, como se observa en la concentración de medios de comunicación en manos de unos pocos conglomerados corporativos.

LA APLICACIÓN.

China ofrece un ejemplo contemporáneo y extremo de imposición de un pensamiento único a través del control digital. El Partido Comunista Chino, ha desarrollado un sofisticado sistema de vigilancia y censura en línea conocido como el *"Gran Cortafuegos"*, que bloquea el acceso a información considerada peligrosa o subversiva. Además, el gobierno ha implementado un sistema de crédito social que monitorea y controla el comportamiento de los ciudadanos, recompensando o castigando según su conformidad con las normas oficiales.

Este control digital no sólo suprime la disidencia interna, sino que también promueve la narrativa oficial del Partido a nivel internacional. China ha utilizado su influencia económica para presionar a otras naciones y corporaciones a adherirse a su versión de la verdad, en un intento de expandir su pensamiento único más allá de sus fronteras.

La censura es una herramienta clave para mantener un pensamiento único, suprimiendo cualquier forma de disidencia o crítica. Esta censura puede ser directa, a través de la prohibición de ciertas ideas o la persecución de individuos que las promueven; o indirecta, fomentando la autocensura.

La autocensura es particularmente nociva, ya que es una forma de represión interna que los individuos se imponen a sí mismos, generalmente debido al temor a represalias sociales, profesionales o legales.

Después de los *arreglos*[61] de la Guerra Cristera, se creó entre la sociedad, principalmente entre los que se habían involucrado de manera directa en el conflicto bélico, un *"pacto de silencio"* que los *"obligaba"* a no hablar del tema por miedo a las represiones, que el gobierno federal pudiera ejercer en su contra. Este pacto se mantuvo por muchos años, por lo que gran parte de la historia de esta guerra, no fue contada y quedó en el olvido. Años después, dicho pacto se *"rompió"* y en un esfuerzo sin precedentes, para recopilar el mayor número de datos, elementos, hechos y testimonios, distintos historiadores como *Jean Meyer*[62], le dieron a conocer al mundo, las atrocidades que el gobierno en turno, había realizado en contra de los católicos mexicanos.

LA CANCELACIÓN.

La cultura de la cancelación es un ejemplo contemporáneo de cómo la presión social puede llevar a la autocensura, limitando la expresión de ideas que se desvían de la norma políticamente correcta. Esta práctica se vuelve más común, sobre todo en el ambiente de las redes sociales y medios masivos de comunicación; logrando que las voces disidentes sean ignoradas o en casos extremos eliminadas.

En las democracias populistas, la cultura de la cancelación ha emergido como una nueva forma de imponer un pensamiento único. Este fenómeno, que comenzó en las redes sociales, implica la marginación o exclusión de individuos que expresan opiniones contrarias a las normas progresistas dominantes. A través de campañas de desprestigio, boicots, y amenazas, la cultura de la cancelación ha logrado silenciar liderazgos disidentes, creando un entorno donde solo se permite la expresión de ciertas ideas.

Esta tendencia ha sido especialmente evidente en debates sobre *pseudoderechos*[63], libertad sexual, y política, donde las opiniones que se desvían de la narrativa dominante son rápidamente condenadas y sus defensores son etiquetados como intolerantes o reaccionarios. Esta dinámica ha generado un clima de miedo y autocensura, que limita el debate público y fortalece el pensamiento único.

LA EDUCACIÓN.

La educación es otro medio poderoso para imponer un pensamiento único. Desde una edad temprana, los sistemas educativos pueden ser diseñados para inculcar una visión específica del mundo, moldeando las mentes de los jóvenes de manera que acepten ciertas ideas como verdades absolutas. La currícula escolar, puede ser manipulada para destacar ciertos hechos históricos, silenciar otros, o interpretar la realidad de una manera que favorezca a la ideología dominante. Un ejemplo reciente se da en México; a través de la *"Nueva Escuela Mexicana"* se busca imponer una serie de ideas comunistas, anticientíficas, de desprecio al orden natural y con cero tolerancia a los que opinan distinto a la *"educación oficial"*. No es casualidad que miembros del Partido Comunista Mexicano, formen parte del proceso educativo en México; uno de ellos es *Francisco Luciano Concheiro Borquez*[64], Subsecretario de Educación Superior durante el sexenio de López Obrador.

La propaganda, por su parte, es utilizada para reforzar estas ideas y asegurarse de que persistan en la mente de la población.

A través de medios de comunicación, arte, y cultura, se puede perpetuar una narrativa que justifique y legitime el poder de quienes la promueven.

La *coacción*[65] y la represión son métodos más directos para imponer un pensamiento único. Estos métodos incluyen la intimidación, el acoso, la violencia física, y el encarcelamiento de aquellos que se atreven a desafiar la ideología dominante. En los regímenes totalitarios, esta represión puede ser brutal y generalizada, como en el caso de los campos de concentración nazis o los gulags soviéticos.

Sin embargo, la represión también puede ser más sutil en contextos menos autoritarios, utilizando tácticas legales o económicas para silenciar a la disidencia. Por ejemplo, las leyes contra el llamado *discurso de odio*[66] en algunos países occidentales, han sido criticadas por ser utilizadas para silenciar opiniones disidentes.

TEORÍAS.

Una de las teorías que sostiene el pensamiento único, es el *constructivismo social*, que sugiere que el conocimiento y la realidad son construcciones sociales, influenciadas por las normas y las estructuras de poder de una sociedad. Aunque esta teoría ha proporcionado perspectivas sobre cómo se forman las ideas y las creencias, también ha sido utilizada para justificar la imposición de un pensamiento único, al argumentar que todas las verdades son relativas y que el conocimiento es socialmente construido, dando pauta a deslegitimar cualquier punto de vista que difiera de la norma *"socialmente aceptada"*.

Otra de las teorías predominantes que buscan legitimar las dictaduras del pensamiento, es el *relativismo cultural*; dicha teoría se centra en la idea de que todas las culturas y sistemas de valores son igualmente válidos y deben ser entendidos en su propio contexto. A simple vista, esta teoría promueve el respeto por la diversidad cultural; sin embargo también puede ser utilizada para suprimir críticas legítimas a prácticas culturales que desde la perspectiva del pensamiento único, violan los derechos humanos o perpetúan la injusticia. Al negar la existencia de verdades universales, el relativismo cultural se convierte en un aliado del pensamiento único, al deslegitimar cualquier intento de cuestionar las *normas culturales impuestas*.

La teoría más nociva del pensamiento único, es la *ideología de género*, que se refiere a un conjunto de creencias que sostienen que el sexo es una construcción social más que una realidad biológica. Esta ideología ha ganado una considerable influencia en las últimas décadas, particularmente en el mundo occidental. Sin embargo, su imposición como única verdad, ha generado controversia y oposición, especialmente en cuanto a sus implicaciones para la religión, educación, la política, y la libertad de expresión. Aquellos que cuestionan esta ideología, son etiquetados como intolerantes, ignorantes o practicantes de alguna *"fobia"*, lo que contribuye a la creación de un entorno de pensamiento único en relación al género.

CONSECUENCIAS.

Una de las consecuencias más graves de la dictadura del pensamiento, es la polarización y fragmentación social. Cuando se impone un pensamiento único, se crea una división entre aquellos que lo aceptan y aquellos que lo rechazan, lo que puede llevar a la radicalización de ambos bandos. La falta de un espacio común para el debate y el intercambio de ideas puede resultar en una sociedad cada vez más fragmentada, donde el diálogo se reemplaza por la confrontación, que al principio se puede dar en el marco de las ideas, pero que luego puede transitar a la violencia.

Otra consecuencia importante del pensamiento único es la erosión de la libertad individual. Cuando se impone una visión del mundo como la única válida, se niega a los individuos el derecho a formar y expresar sus propias opiniones. Esta pérdida de libertad no solo afecta a aquellos que son directamente reprimidos, sino que también tiene un efecto paralizante en la sociedad en su conjunto, ya que el miedo a la represión lleva a la autocensura y a la conformidad.

En los regímenes totalitarios, esta pérdida de libertad es absoluta, pero incluso en las democracias, el pensamiento único puede limitar la capacidad de los individuos para ejercer plenamente sus derechos a la libertad de expresión, asociación, y conciencia.

¿CÓMO VER VENIR LA DICTADURA?

Después de la Segunda Guerra mundial, *Hannah Arendt*[67] publicó su libro *"Los orígenes del totalitarismo"*, en el que describe y analiza los dos movimientos totalitarios más importantes del siglo XX: el nazismo y el comunismo. Según *Arendt,* se dieron una serie de condiciones y elementos que prepararon a la sociedad, para recibir sin resistencia, la imposición de una dictadura ideológica, política y militar. Esas condiciones son:

AISLAMIENTO Y SOLEDAD DE LOS INDIVIDUOS. Arendt subraya que el totalitarismo se aprovecha del aislamiento de los individuos, que se sienten desconectados de la vida pública y de las relaciones sociales. Este aislamiento destruye la capacidad de las personas para formar comunidades o participar en la vida política. El régimen totalitario utiliza esta soledad para fomentar la alienación y el miedo, facilitando la sumisión a la autoridad.

En la Alemania nazi, el régimen aprovechó las divisiones sociales y la alienación que muchos alemanes sentían tras la Primera Guerra Mundial y la Gran Depresión. Esto ayudó a consolidar en el poder a *Adolf Hitler*, quien prometía un sentido de comunidad a través de un proyecto nacionalista.

En México, durante la pandemia del *COVID*, el presidente en turno Andrés Manuel López Obrador, declaró que la pandemia le vino *"como anillo al dedo"*. El padecimiento de la pandemia derivó en una reclusión forzada, que generó aislamientos incluso entre familiares que habitaban en una misma casa.

DESCONTENTO CON LAS JERARQUÍAS E INSTITUCIONES. Arendt señala que el totalitarismo se basa en la movilización de masas de individuos inconformes, sin fuertes vínculos familiares, laborales o comunitarios. Estas masas se sienten desconectadas de las instituciones tradicionales y vulnerables a los discursos que ofrecen un propósito o una identidad colectiva, aunque sea destructiva.

En la Unión Soviética bajo *Stalin*, el campesinado fue masivamente menospreciado y sometido a procesos de colectivización forzosa. Esto creó una masa de personas inconformes y vulnerables que fueron fácilmente manipuladas a través de propaganda estatal y purgas internas.

Entre las instituciones más afectadas en cuanto a los términos de confianza figuran las instituciones políticas. En países de la Organización para la Cooperación y el Desarrollo Económicos en promedio, un 51% de los ciudadanos confía en el gobierno[68]; en Hispanoamérica el porcentaje es más bajo, donde en promedio, menos de un tercio de los ciudadanos confía en las instituciones políticas[69].

PROPAGANDA Y MANIPULACIÓN DE LA REALIDAD. El uso de la propaganda es esencial para la instauración del totalitarismo. Este régimen no se conforma con el control político, sino que busca moldear la realidad misma, alterando hechos históricos, manipulando la verdad y creando una narrativa ideológica que el individuo debe aceptar sin cuestionar.

En la Alemania nazi, el ministro de propaganda, *Joseph Goebbels*, controlaba estrictamente la prensa, el cine, la radio y la cultura, construyendo una imagen de los judíos como enemigos internos. En la Unión Soviética, el control de la información era total y cualquier oposición a la narrativa oficial del Partido Comunista era silenciada.

En 2019, un estudiante de doctorado en Ciencias Políticas en Georgia Tech, de nombre *Zach Goldberg*, analizó en profundidad la *LexisNexis*[70]. Descubrió que durante un período de nueve años, la tasa de noticias que utilizan términos y elementos *"woke"* asociados a la teoría crítica de izquierdas y los conceptos de *"justicia social"* se han centuplicado. ¿Qué significa esto? Que la propaganda y la manipulación de la realidad ya se están difundiendo.

DESPRECIO POR EL ESTADO DE DERECHO. Arendt señala que el totalitarismo rechaza la idea de derechos individuales y suprime cualquier forma de legalidad o justicia que no esté alineada con sus fines. Los regímenes totalitarios consideran que cualquier acción es justificable si promueve su causa, y eliminan cualquier garantía legal que proteja al individuo del poder del Estado.

Bajo *Stalin*, los juicios políticos y las purgas fueron usados para eliminar a cualquier enemigo potencial del régimen, incluso dentro del propio Partido Comunista. Las leyes fueron manipuladas para servir a los intereses del poder totalitario, y la noción de justicia fue sustituida por la lealtad al partido.

En México, el 11 de septiembre de 2024, el partido en el poder de clara tendencia comunista, concluyó un proceso legislativo, en el que se aprobó la destrucción del Poder Judicial Federal. Este hecho permitirá al partido en el gobierno, elegir a los que imparten la justicia en el país, logrando que la *"justicia"* se someta a sus fines.

USO SISTEMÁTICO DEL TERROR. El terror es una herramienta fundamental en el régimen totalitario. Este no se dirige únicamente contra los enemigos políticos reales, sino que se extiende a toda la población para mantener el control. El terror totalitario no solo destruye a los opositores, sino que busca eliminar cualquier posibilidad de resistencia, incluso en el pensamiento.

En la Unión Soviética de Stalin, la policía secreta *(KGB)*[71] desempeñó un papel crucial en la represión, llevando a cabo detenciones arbitrarias, ejecuciones sumarias y el envío de millones de personas a los gulags. De manera similar, en la Alemania nazi, las *SS* y la *Gestapo* utilizaron el terror sistemático para eliminar a opositores políticos, minorías y cualquier persona que no se ajustara a la ideología nazi.

Prácticamente en todo el mundo, se han implementado leyes y reglamentos en contra de la discriminación, que a simple vista buscan la igualdad de derechos y condiciones para todos los individuos. Sin embargo, en los países gobernados por la izquierda política, las legislaciones en contra de la discriminación, han sido manipuladas para perseguir a los disidentes ideológicos.

LIDERAZGO CARISMÁTICO Y LA IDEOLOGÍA UNIFICADORA. El totalitarismo suele estar encabezado por un líder carismático, que se presenta como el salvador de la nación o el representante supremo de una ideología, que se ofrece como solución a todos los problemas. Este líder concentra en su figura el poder absoluto, y la lealtad a él es una parte esencial del sistema totalitario.

Tanto *Hitler* como *Stalin* se presentaron como figuras infalibles y esenciales para el éxito de sus naciones. *Hitler* se convirtió en el *"Führer"* que personificaba la grandeza de la raza aria y la expansión del Tercer Reich, mientras que *Stalin* era el "Padre de los Pueblos" que guiaba a la Unión Soviética hacia el comunismo.

En la medición de *Morning Consult* titulada *"Global Leaders ́ Popularity"*, que mide el índice de aprobación de los líderes gubernamentales de Australia, Brasil, Canadá, Francia, Alemania, India, Italia, Japón, México, Corea del Sur, España, Reino Unido y Estados Unidos; se ubicó a López Obrador, como el segundo presidente más popular y querido.

De acuerdo a las condiciones y elementos descritos por *Hannah Arendt ¿en que etapa nos encontramos de la implementación de una dictadura ideológica, política y militar en México?*

LA RESPUESTA.

El debate racional es esencial para el progreso intelectual y social. Sin embargo, la imposición de un pensamiento único tiende a suprimir el debate, ya que cualquier idea que se desvíe de la narrativa dominante es descartada o demonizada. Esto no solo limita la capacidad de la sociedad para resolver problemas de manera efectiva, sino que también conduce a un estancamiento intelectual, donde las ideas no se desarrollan ni se desafían.

La desaparición del debate racional es evidente en muchas áreas del discurso público contemporáneo, donde la confrontación emocional y la demonización del oponente han reemplazado el análisis crítico y la discusión basada en evidencias.

El pensamiento crítico es una herramienta esencial para resistir la imposición de un pensamiento único. Este enfoque educativo y filosófico enseña a las personas a cuestionar las ideas, a analizar la información de manera independiente, y a formar sus propias conclusiones basadas en evidencias. Al promover el pensamiento crítico, se empodera a los individuos para resistir la manipulación y el control ideológico.

El fomento del pensamiento crítico debe ser una prioridad en los sistemas educativos, desde la educación básica hasta la superior, y debe ser complementado por una cultura que valore la discusión abierta y el escepticismo constructivo.

El pluralismo es la antítesis del pensamiento único. Promueve la diversidad de ideas y la convivencia de diferentes perspectivas en un mismo espacio. Para resistir la dictadura del pensamiento, es crucial fomentar un ambiente pluralista, donde se valoren y respeten las diferencias, y donde el debate y el diálogo sean herramientas para el entendimiento y el progreso. El pluralismo no solo es necesario a nivel político, sino también en los ámbitos cultural y académico, donde la diversidad de perspectivas es esencial para la innovación y el crecimiento.

La libertad de expresión es un derecho fundamental que debe ser defendido frente a cualquier intento de imponer un pensamiento único. Sin la capacidad de expresar ideas y opiniones libremente, es imposible mantener una sociedad verdaderamente democrática y pluralista. Por lo tanto, es esencial proteger la libertad de expresión de cualquier forma de censura, ya sea estatal, corporativa, o social. La defensa de la libertad de expresión también implica la promoción de un entorno donde las ideas puedan ser discutidas y debatidas sin miedo a represalias, y donde se respete el derecho de cada individuo a expresar su opinión, incluso si es impopular o controvertida.

CONCLUSIÓN.

La dictadura del pensamiento único es un fenómeno complejo y multifacético que ha adoptado diversas formas a lo largo de la historia y que continúa siendo una amenaza en el mundo contemporáneo. Ya sea a través de regímenes totalitarios, la manipulación digital, o la presión social; el pensamiento único busca suprimir la diversidad de ideas y establecer una visión monolítica del mundo. Las consecuencias de este fenómeno son profundas, afectando la cohesión social, la libertad individual, y el progreso intelectual.

Sin embargo, es posible resistir esta tendencia mediante la promoción del pluralismo, el debate racional, el fomento del pensamiento crítico, y la defensa de la libertad de expresión. Solo a través de la preservación de estos valores fundamentales se puede asegurar una sociedad donde la diversidad de ideas sea respetada y el debate abierto sea posible. En última instancia, la lucha contra la dictadura del pensamiento único es una lucha por la libertad, la dignidad humana, y el derecho de cada individuo a pensar y expresarse libremente.

LA CÁMARA DE ECO

*"Cada Mentira que se cuenta, es
una deuda con la Verdad".*

C.R.

El término de la *cámara de eco* ha tomado una gran relevancia en las últimas décadas, especialmente con el surgimiento y expansión de las redes sociales y medios de comunicación alternativos.

Este fenómeno en su aspecto social se refiere, a la tendencia de las personas a exponerse *únicamente* a opiniones, ideas y perspectivas que refuerzan sus propias creencias, mientras que se aíslan de aquellas que las desafían. En algunas ocasiones el aislamiento deriva de una censura programada, y en otras de acciones voluntarias.

Las raíces del concepto, pueden rastrearse hasta formas más antiguas de comunicación y agrupación social. Dicho término, deriva de una metáfora acústica. En una cámara de eco física, un sonido es reflejado continuamente, lo que da la impresión de ser más fuerte o más relevante de lo que realmente es. De manera similar, en una *cámara de eco social o informativa*, las ideas repetidas *parecen ganar más validez o apoyo*, debido a su constante reiteración y no por estar debidamente sustentadas.

La expresión *cámara de eco social o informativa*, se utiliza principalmente para describir cómo las redes sociales, los medios de comunicación y las comunidades en línea, tienden a fomentar la exposición a ideas y opiniones afines, al tiempo que suprimen o marginan aquellas divergentes. Los algoritmos de las plataformas digitales, personalizan la información basada en las preferencias pasadas de los usuarios. Estos algoritmos están diseñados para maximizar la atención del usuario, mostrando contenido que es más probable que genere interés o interacción. Como resultado, los individuos tienden a quedar atrapados en *burbujas de información*[72] en las que sus puntos de vista son reforzados, pero muchas veces están alejados de la realidad colectiva.

Los estudios sobre la *cámara de eco* en los medios de comunicación y la sociología, se remontan a la década de 1970, cuando teóricos como *Walter Lippmann*[73] y *Marshall McLuhan*[74], empezaron a explorar cómo la estructura de los medios y la tecnología, moldeaban la percepción pública y la formación de la opinión. Sin embargo, el concepto comenzó a cobrar mayor prominencia con el surgimiento de la televisión por cable, que permitió a los televidentes elegir contenidos que correspondieran a sus preferencias políticas y culturales.

ALCANCES DE LA CÁMARA DE ECO.

El impacto de la cámara de eco, no se limita solo a la esfera de la información y las opiniones. Su alcance se extiende a múltiples aspectos de la vida cotidiana, influyendo en la política, la cultura, la educación, e incluso en las relaciones personales.

Uno de los ámbitos donde la cámara de eco tiene un mayor impacto, es en la política. Con la proliferación de medios de comunicación alternativos como *Youtube* y *Twitch*, redes sociales como *Facebook*, *Twitter*, *Instagram* y *Tik Tok*, y plataformas de mensajería instantánea como *WhatsApp* y *Telegram*, los ciudadanos tienen acceso a una gama casi infinita de contenido político. Sin embargo, en lugar de fomentar el debate entre diferentes puntos de vista, la cámara de eco tiende a potenciar la polarización.

En Estados Unidos, durante la campaña presidencial de 2016, las redes sociales, en particular *Facebook y Twitter*, desempeñaron un papel central en la difusión de contenido político. Las plataformas digitales fueron clave para que los usuarios compartieran noticias, opiniones y contenido relacionado con la campaña de los candidatos *Donald Trump* y *Hillary Clinton*. Sin embargo, el algoritmo de personalización utilizado por estas plataformas, creó cámaras de eco en las que los usuarios se vieron principalmente expuestos a contenido que reforzaba sus creencias políticas preexistentes.

Un *reporte*[75] publicado por la Universidad de Oxford, después de las elecciones presidenciales en Estados Unidos, mostró que los usuarios de redes sociales tendían a interactuar principalmente con información que coincidía con su ideología política. Esto generó entornos cerrados donde las noticias y los puntos de vista afines se amplificaron y donde las ideas divergentes no lograron penetrar. Este fenómeno exacerbó la polarización política y contribuyó a la creación de comunidades virtuales donde los partidarios de un candidato eran cada vez más hostiles hacia los del otro.

El reporte puso en evidencia, que los partidarios de *Donald Trump*, eran más propensos a compartir y consumir noticias falsas que presentaban a *Hillary Clinton* de manera negativa, mientras que los partidarios de *Clinton* compartían y consumían información que reforzaba su desconfianza hacia *Trump*.

Otro ejemplo documentado, de cómo la cámara de eco influyó en las elecciones en Estados Unidos, fue el papel que jugaron actores extranjeros, en particular Rusia, en la manipulación de la opinión pública. Según la investigación realizada por el *FBI* y el *Comité de Inteligencia del Senado de Estados Unidos*, Rusia utilizó campañas en redes sociales para sembrar discordia y polarizar aún más a los votantes estadounidenses.

Estas campañas se llevaron a cabo principalmente, a través de bots y cuentas falsas en *Facebook y Twitter*, que compartían mensajes y contenido divergente, destinado a reforzar las cámaras de eco existentes. Los algoritmos de las plataformas amplificaron estos mensajes, que se dirigían específicamente a grupos demográficos vulnerables a la influencia. Esta estrategia buscaba exacerbar la división política en el país, lo que a su vez debilitaba la confianza en el sistema electoral y en las instituciones democráticas.

En las elecciones presidenciales de México (2024), se difundieron una serie de mensajes, que argumentaban que la candidata a la presidencia de la *"oposición"*[76], *Bertha Xóchitl Gálvez Ruiz*, era la única opción viable para derrotar al régimen comunista en el poder. Los mensajes se difundieron a través de las *"cámaras de eco conservadoras"*, apelando a las tradiciones, buenas costumbres y citando incluso la doctrina social de la Iglesia, para justificar un apoyo sin sentido a una candidata, que en nada representaba los ideales conservadores; estos mensajes impactaron profundamente a una parte de la sociedad, convenciendo incluso a integrantes de la jerarquía de la Iglesia Católica a brindar apoyo a la candidata. El resultado fue desastroso para la *"oposición"*; el partido político del régimen en el poder, arrolló en las urnas, instaurando un régimen de partido único en el país, capaz de cambiar las leyes, instituciones y poderes de la Unión a su antojo.

Los partidarios de la *oposición*, se aislaron de la sociedad *común* y de los *males estructurales*[77], creyendo sin sustento, que los mensajes difundidos a través de las *"cámaras de eco conservadoras"*, eran suficientes para generar una gran movilización social, y que dichos mensajes retrataban la visión general del mundo; percepción que sin duda alguna, estaba muy alejada de la realidad social. Este *"fallo"* en la estrategia de la "oposición", fue aprovechado por los candidatos del régimen, para convencer a la sociedad *común*, de que ellos eran la mejor opción para la transformación del país.

CULTURA Y ESTILOS DE VIDA.

Más allá de la política, la cámara de eco también afecta la cultura y las decisiones de estilo de vida. Las redes sociales, por ejemplo, permiten a las personas conectarse con comunidades que comparten sus intereses específicos, desde hobbies y pasatiempos, hasta formas de vida más amplias, como el veganismo o el minimalismo. Aunque estas comunidades pueden proporcionar apoyo y recursos didácticos, también pueden crear espacios donde las ideas y normas se refuerzan sin ser cuestionadas, llevando a una homogeneización del pensamiento dentro del grupo.

Además, la personalización de los contenidos culturales, como las recomendaciones de música, películas y libros en plataformas como *Spotify, Netflix o Amazon*, pueden limitar la exposición de los usuarios a nuevas ideas o conceptos. Esto crea una especie de *burbuja cultural*, en la que las preferencias del individuo son continuamente confirmadas, sin espacio para la exploración o el crecimiento personal.

EDUCACIÓN Y CONOCIMIENTO.

En el ámbito educativo, la cámara de eco también tiene consecuencias significativas. Tradicionalmente, la educación ha sido vista como una herramienta para ampliar horizontes y fomentar el pensamiento crítico. Sin embargo, con la creciente dependencia de fuentes digitales para la adquisición de conocimientos y el uso desmedido de la Inteligencia Artificial, estudiantes y docentes, pueden quedar atrapados en cámaras de eco, donde solo se les presentan ideas afines a sus creencias o intereses. Esto es especialmente problemático en temas como la ciencia, la historia o la economía, donde la exposición a múltiples perspectivas es crucial para una comprensión completa y matizada.

CONSECUENCIAS.

Las cámaras de eco tienen un profundo impacto en la estructura social y en la habilidad de las sociedades para resolver problemas complejos de manera efectiva. A continuación, se detallan algunas de las consecuencias más importantes de su uso:

POLARIZACIÓN Y FRAGMENTACIÓN SOCIAL. La cámara de eco es factor determinante en el aumento de la polarización política y social. En lugar de crear un espacio seguro de debate, donde se escuchen y se respeten diferentes puntos de vista, las cámaras de eco propician la creación de comunidades cerradas, reforzando la creencia de *"nosotros contra ellos".* Esto ha llevado a una sociedad fragmentada, en la que cada vez es más difícil para las personas, el relacionarse con quienes no piensan de manera similar.

Este fenómeno no solo se observa en el ámbito político. La polarización también se ha expandido a debates sobre cuestiones sociales, culturales y económicas, como la ideología de género, reformas judiciales, impuestos, etc. A medida que los individuos se aíslan en sus respectivas cámaras de eco, es más difícil encontrar terreno común para la resolución de conflictos o el desarrollo de políticas públicas que beneficien a la sociedad en su conjunto.

DESINFORMACIÓN Y NOTICIAS FALSAS. Otra consecuencia preocupante, es la propagación de desinformación y noticias falsas. Debido a sus algoritmos diseñados para fomentar la interacción, las plataformas digitales, tienden a impulsar contenido sensacionalista o polarizante, que es más probable que genere fuertes respuestas emocionales. En este entorno, las noticias falsas, la desinformación y el *clickbait*[78] pueden difundirse rápidamente a través de las cámaras de eco, sin crítica ni verificación.

Esta tendencia se ha exacerbado en tiempos de crisis, como lo fue la pandemia de *COVID.* En este caso, las cámaras de eco jugaron un papel importante en la difusión de información sesgada, que tuvo consecuencias reales y tangibles en la salud pública, la estabilidad política y la confianza en las instituciones democráticas.

REDUCCIÓN DEL PENSAMIENTO CRÍTICO. La exposición

constante a ideas homogéneas y la falta de interacción con puntos de vista opuestos, puede llevar a una reducción en la capacidad de pensamiento crítico en las personas. El pensamiento crítico impacta en la capacidad de analizar y evaluar diferentes perspectivas, identificar sesgos y buscar evidencia que apoye o refute una idea. Sin embargo, en una cámara de eco, esta capacidad se limita, ya que rara vez las personas se enfrentan a ideas que cuestionan sus creencias preexistentes.

Esta reducción en la capacidad del pensamiento crítico es alarmante, ya que estamos en una era, donde el acceso a la información es más amplio que nunca. En lugar de aprovechar la diversidad de información, para formar un criterio propio y racional, los usuarios se refugian en cámaras de eco que validan *"opiniones de moda"*, muchas de ellas sin sustento evidente; esto los limita en su capacidad de aprender y crecer intelectualmente, propiciando que sean fácilmente manipulables.

REFUERZO DE SESGOS COGNITIVOS. La cámara de eco también aumenta los *sesgos cognitivos*[79], como el *sesgo de confirmación* y el *efecto de arrastre*. El sesgo de confirmación, se refiere a la inclinación de las personas a buscar y dar mayor peso a la información que confirma sus creencias preexistentes, mientras que ignoran o descartan información que las contradice. En un entorno de cámara de eco, este sesgo se amplifica, ya que los usuarios están expuestos principalmente a contenido que respalda sus puntos de vista.

El efecto de arrastre, por otro lado, se refiere a la predisposición de las personas, a adoptar creencias o comportamientos que hacen otros miembros de su grupo. En una cámara de eco, donde las opiniones dentro del grupo son reiteradas y reforzadas, este fenómeno se vuelve aún más pronunciado, lo que lleva a una mayor uniformidad del pensamiento dentro de la comunidad.

CONCLUSIÓN.

Si los partidarios de la *Derecha Alternativa*[80], pretenden dar una batalla, que logre la transformación social y cultural, es necesario que abandonen la comodidad de las *"cámaras de eco"*, promuevan la exposición a diversas perspectivas, fomenten el pensamiento crítico y entiendan la realidad que se vive en el mundo contemporáneo; una vez logrado esto, organicen un plan de acción, que les permita ser efectivos; de otra manera la causa perecerá.

LA VENTANA DE OVERTON

"La libertad, Sancho, es uno de los más preciosos dones que a los hombres dieron los cielos. Con ella no pueden igualarse los tesoros que encierra la tierra ni el mar encubre".

Miguel de Cervantes

Los capítulos anteriores, expusieron cómo el mundo está en decadencia, las diferentes técnicas que existen para la manipulación individual y colectiva, la evolución de la lucha de clases y las consecuencias del pensamiento único. Es momento de explorar, los fundamentos esenciales de la Ventana de Overton; un concepto que nos ayudará a conocer otra forma de manipular y cambiar la opinión pública.

A través de una comprensión profunda de sus etapas principales, nos adentraremos en la dinámica de la inaceptabilidad, radicalidad, aceptabilidad, sensatez, debate y promoción política; examinaremos cómo interactúan entre sí las etapas para influir en la toma de decisiones.

ORIGEN Y DESARROLLO DEL CONCEPTO.

La Ventana de Overton, toma su nombre del analista político estadounidense y vicepresidente del *Instituto Mackinac para la Política Pública, Joseph P. Overton*, quien la propuso por primera vez en la década de 1990. *Overton* buscaba explicar cómo ciertas políticas o ideas, que anteriormente eran consideradas radicales o inaceptables, pueden volverse aceptables y convertirse en parte del discurso político común. Su trabajo inicial sentó las bases para el estudio y la comprensión de la dinámica de la opinión pública.

MOVIMIENTO DE IDEAS.

Lo que hace que la Ventana de Overton sea particularmente

interesante, es la dinámica de cómo las ideas y políticas se mueven dentro de este marco conceptual. Las ideas que originalmente son radicales pueden, con el tiempo, convertirse en políticamente viables. Esto puede ser impulsado por una serie de factores como presión social, cambios en las opiniones públicas, tendencias artificiales, liderazgos políticos, eventos históricos y movimientos sociales.

Es importante destacar que la Ventana de Overton no es estática; evoluciona con las transformaciones en la sociedad y las actitudes. Ideas que antes eran inaceptables pueden convertirse en políticas oficiales, y viceversa. Esta evolución es fundamental para comprender cómo cambian las políticas y cómo las sociedades se adaptan a nuevas realidades.

El desplazamiento de la Ventana de Overton no ocurre de manera espontánea; es un proceso deliberado y estratégico. Los actores políticos y sociales, utilizan diversas tácticas para mover ideas a través de la *ventana;* a continuación detallo algunas:

CONTROL DEL DISCURSO PÚBLICO: influenciar el lenguaje y los temas discutidos en la esfera pública.

REENCUADRE DE PROBLEMAS: presentar una idea impopular desde una perspectiva que la haga más aceptable.

CREACIÓN DE CRISIS: utilizar o fabricar una crisis, para justificar la necesidad de soluciones que antes eran impensables.

USO DE CASOS RADICALES: Proponer ideas extremas, para hacer que las propuestas menos radicales parezcan más razonables.

La *"ventana"* tiene la capacidad de influir en la forma en que las políticas se debaten, adoptan y cambian con el tiempo. Al analizar cómo las opiniones públicas y los límites de lo políticamente posible se desplazan, podemos ganar una comprensión más profunda de la dinámica política y social de una comunidad.

Overton sostiene, que la aplicación de la *"ventana"* tiene implicaciones significativas en la dinámica política y social. Puede ser una herramienta útil para analizar el cambio político y la evolución de las ideas en una sociedad. Sin embargo, también ha sido objeto de críticas. Algunos argumentan que el modelo de cambio político, subestima el papel de los líderes sociales y políticos; así como su capacidad de generar cambios en el espectro de opiniones. Otros sostienen que la aplicación de la Ventana de Overton puede restringir la diversidad de ideas al imponer límites artificiales al debate público.

Es necesario tener cuidado al usar la Ventana de Overton como una herramienta de análisis. No debe ser interpretada como una restricción rígida que limite el rango de ideas o como una justificación para promover ideas extremas. Debe ser vista como una herramienta que nos ayuda a comprender las dinámicas y los límites cambiantes del debate social y político.

En última instancia, la Ventana de Overton nos desafía a reflexionar sobre la forma en que las ideas políticas se desarrollan, evolucionan y son aceptadas por la sociedad. Nos invita a examinar las fuerzas que moldean el panorama político y a considerar cómo podemos ampliar y enriquecer el espectro de ideas que se discuten y consideran como viables.

ETAPAS.

La Ventana de Overton se compone de seis etapas que reflejan la evolución y los límites de las ideas y políticas posibles. Las etapas son:

I.- INACEPTABILIDAD. Representa las ideas o políticas que son consideradas radicalmente inaceptables o incluso tabú en la sociedad. Son excluidas de la conversación política y se consideran fuera de los límites de lo discutible.

II.- RADICALIDAD. Comprende las ideas o políticas que comienzan a ser consideradas como aceptables por un segmento limitado de la sociedad. Aunque aún son consideradas extremas, están ganando cierta atención y debate público.

III.- ACEPTABILIDAD. Abarca el rango de ideas, políticas y acciones que la sociedad en general considera aceptables o legítimas en un momento dado. Las ideas dentro de esta etapa son consideradas *"políticamente posibles"* y son más propensas a recibir apoyo público y ser adoptadas por los líderes políticos.

IV.- SENSATEZ. Representa las ideas o políticas que son consideradas razonables. Tienen un apoyo sustancial en la sociedad y se consideran dentro del rango de lo políticamente posible.

V.- DEBATE. Se refiere al conjunto de ideas, políticas y acciones que están abiertas a discusión y consideración en el discurso público. Estas ideas pueden variar desde las que son ampliamente aceptadas hasta las que se consideran marginales o incluso tabú. El debate y la discusión pueden afectar la posición de una idea dentro de la etapa de *"aceptabilidad"*, ya sea ampliándola o estrechándola.

VI.- PROMOCIÓN POLÍTICA. Representa las ideas, políticas y acciones que los líderes políticos consideran viables y están dispuestos a implementar.

En la actualidad, observamos un fenómeno interesante en el que la polarización política y la rápida difusión de información a través de las redes sociales, han contribuido a un cambio dinámico en la Ventana de Overton. Ideas que antes podrían haber sido consideradas extremas o marginales están ganando aceptación, mientras que otras que eran ampliamente aceptadas pueden estar siendo cuestionadas o incluso excluidas.

La sociedad posmoderna de tolerancia selectiva, no se ha dado cuenta de la manipulación a la que son sujetos; no tiene ideales fijos y como resultado de ello tampoco una clara visión entre el bien y el mal, pues se vive en un relativismo desenfrenado, donde impera el menor esfuerzo con el mayor placer posible; donde además el consumo y el poseer es lo que dicta el éxito de las personas. La *"ventana"* cambió radicalmente de lo impensable a lo posible.

Este cambio en la dinámica de la Ventana de Overton presenta desafíos y oportunidades para los líderes políticos y sociales. Por un lado, puede ser una oportunidad para impulsar cambios significativos en la sociedad al explorar nuevas perspectivas y soluciones a los problemas existentes. Por otro lado, la polarización extrema puede dificultar el consenso y la toma de decisiones efectiva.

CONCLUSIÓN.

Ya han quedado descritos los cimientos para comprender los fundamentos de la Ventana de Overton. Exploramos el origen del concepto y hemos desglosado las etapas clave. Además, hemos comenzado a examinar la interrelación entre las opiniones públicas y la toma de decisiones políticas, lo que nos permitirá adentrarnos en casos de estudio y desafíos más complejos. Al comprender los fundamentos de la Ventana de Overton, podemos apreciar cómo las ideas y las políticas pueden moverse dentro de la esfera pública y cómo esto afecta el panorama político en general.

APLICACIÓN DE LA VENTANA

Martin Luther King

Un artículo de Mackinac Center titulado *"UNA BREVE EXPLICACIÓN DE LA VENTANA DE OVERTON"*, expone el modelo de cambio político, de la siguiente manera:

> *La Ventana de Overton es un modelo para comprender cómo las ideas en la sociedad cambian con el tiempo e influyen en la política. El concepto central es que los políticos están limitados en cuanto a las ideas políticas que pueden apoyar; por lo general, solo persiguen políticas que son ampliamente aceptadas en toda la sociedad como opciones políticas legítimas. Estas políticas se encuentran dentro de la Ventana de Overton. Existen otras ideas políticas, pero los políticos corren el riesgo de perder el apoyo popular si defienden estas ideas. Estas políticas se encuentran fuera de la ventana de Overton.*

La Ventana de Overton tiene la capacidad de cambiar y expandirse, ya sea ampliando o reduciendo la cantidad de ideas que los políticos puedan respaldar sin arriesgar *"indebidamente"* su apoyo electoral. En ocasiones, los políticos pueden desplazar los límites de la Ventana de Overton, respaldando con valentía una política que se encuentra fuera de la ventana, pero esto es poco común. Con mayor frecuencia, la ventana se desplaza en función de un fenómeno mucho más complejo y dinámico, uno que no se controla fácilmente desde la cúpula: la evolución gradual de los valores y normas sociales.

Mackinac Center ilustra[81] la Ventana de Overton como un eje vertical, donde el extremo superior representa la ausencia total de control por parte del estado (libertad total) y el extremo inferior simboliza un control total por parte del estado. Esta ventana se representa como un rectángulo que puede cambiar de posición (hacia arriba o hacia abajo) a medida que cambia la percepción de la sociedad sobre las ideas que se deben considerar.

Imagen 1.1

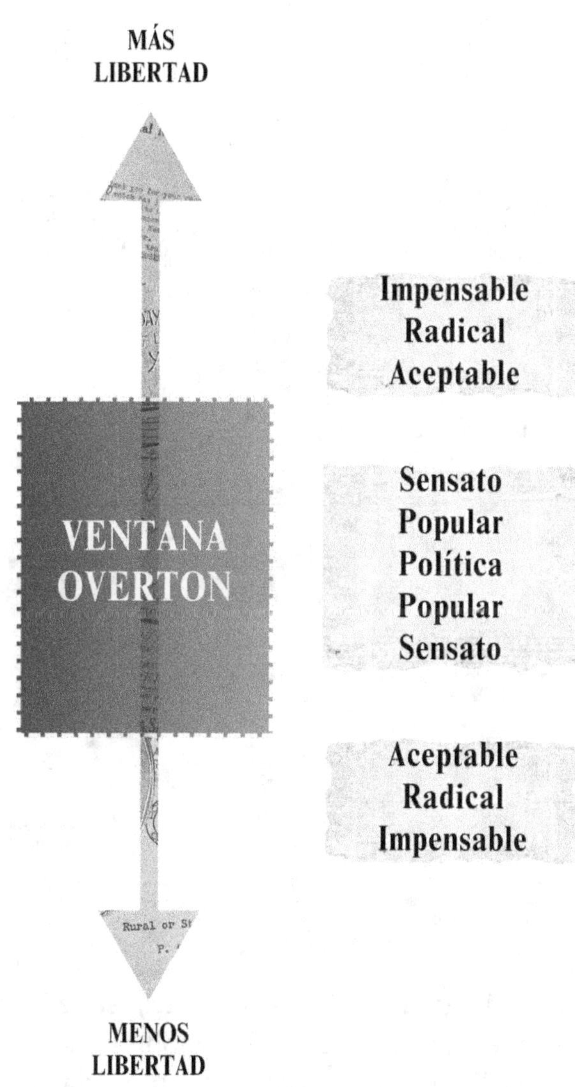

Para proporcionar una perspectiva desde la Ventana de Overton, sobre la percepción pública acerca de la posesión y el uso de armas, la siguiente representación gráfica[82] podría ser esclarecedora para el lector:

Imagen 1.2

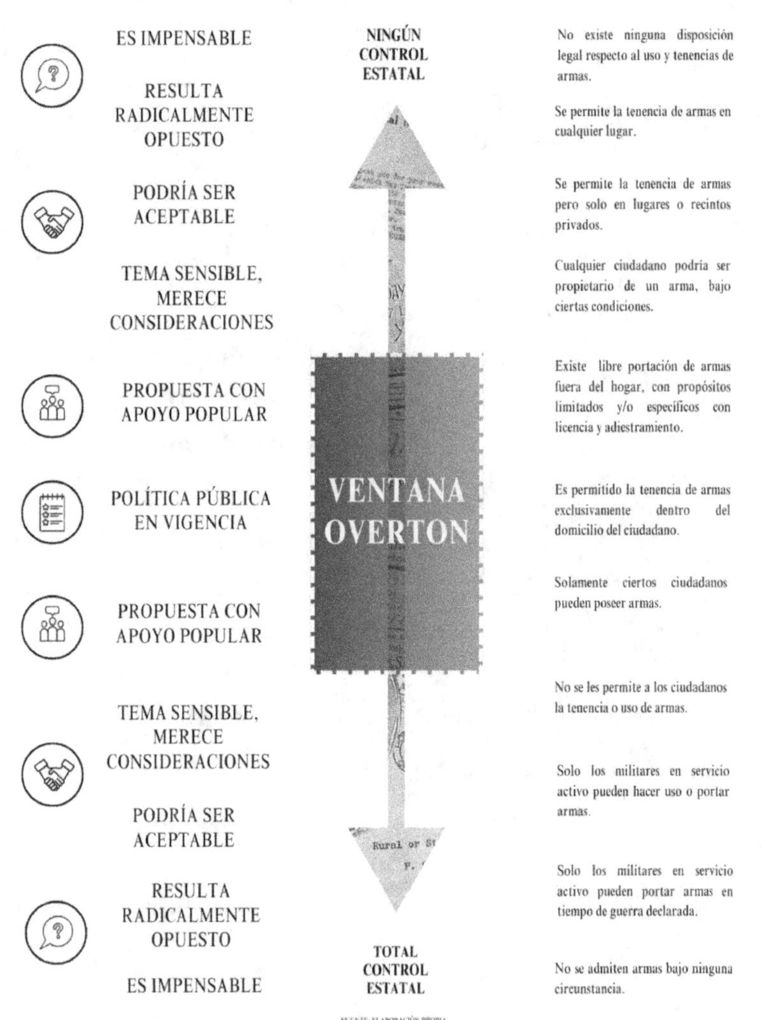

FUENTE: ELABORACIÓN PROPIA

En la columna izquierda de la imagen, se encuentran las percepciones que tiene la sociedad sobre las ideas que se encuentran detalladas en la columna ubicada a la extrema derecha de la imagen. Al centro de la imagen, se encuentra la Ventana de Overton que comprende aquellas ideas que tienen apoyo popular y la política pública vigente para el momento.

Todas las ideas que la sociedad considera impensables o para las cuales hay una oposición radical, o que podrían ser aceptables, o que son consideradas como temas sensibles que merecerían alguna consideración, quedan fuera de la Ventana de Overton. Es importante reiterar que diversos factores y actores sociales, podrían lograr que la *"ventana"* se mueva para arriba o abajo, dependiendo de las ideas y estrategias que se empleen.

Joseph G. Lehman, presidente de *Mackinac Center* en 2003, reiteró de manera pública:

> *La ventana de Overton no describe todo, pero describe una gran cosa: los políticos rara vez se sentirán libres de implementar cualquier política que elijan en el momento que elijan; más bien, calcularán que su rango de opciones está formado por las ideas que impulsan los movimientos sociales y las sensibilidades sociales.*

APLICACIÓN.

Algunas de las políticas públicas más duraderas, empezaron siendo impensables. Muestra de ello es la historia de la esclavitud en el Imperio Británico y en los Estados Unidos. En la época de la *antigua esclavitud*[83], se facultaba a un grupo de personas a poseer a otras, obligándolas a trabajar y hacer acciones en contra de su dignidad.

La abolición de la esclavitud no ocurrio de un día a otro; comenzó como una idea filosófica y moral que fue tomando fuerza. Esa idea se extendió entre la sociedad y finalmente, los legisladores prohibieron la trata de esclavos y luego la esclavitud.

Las grandes políticas públicas duraderas, se remontan a movimientos sociales sin precedentes. La idea de que las mujeres puedan votar y ser votadas, es una política pública que sin duda alguna permanecerá; es muy difícil imaginarse que se pueda revertir. Estos grandes movimientos se originaron porque la Ventana de Overton se *"desplazó"* debido a que un gran número de personas debatieron y brindaron argumentos y elementos de convicción a favor del tema.

En Estados Unidos, el movimiento por los derechos civiles de las décadas de 1950 y 1960 también muestra un claro desplazamiento de la Ventana de Overton. La idea de la igualdad racial y la integración, que alguna vez fue radical y ampliamente rechazada, se convirtió en una parte central del discurso público y, eventualmente en Ley.

Las cuestiones relacionadas con la identidad sexual y los supraderechos *LGBTQ+* también ilustran cómo la Ventana de Overton se desplaza. Temas que alguna vez fueron considerados marginales o inaceptables han entrado en el discurso público y, en muchos casos, se han traducido en cambios legales significativos, como el reconocimiento del mal llamado *matrimonio igualitario*, las infancias trans, el *cambio de sexo*[84] y el reconocimiento social obligatorio de la autopercepción de las personas.

La tecnología y, en particular, las redes sociales han tenido un impacto significativo en la Ventana de Overton. Las ideas pueden ahora difundirse más rápidamente y alcanzar audiencias más amplias de lo que era posible antes. Esto ha acelerado el proceso de desplazamiento, permitiendo que ideas que antes habrían tardado décadas en volverse aceptables lo hagan en cuestión de años, o incluso meses.

Las redes sociales también han creado ecosistemas de opinión donde ciertas ideas pueden moverse dentro de ventanas más estrechas pero altamente influyentes. Estos ecosistemas pueden actuar como catalizadores para el desplazamiento de la Ventana de Overton a un nivel más amplio, especialmente cuando influyen en medios de comunicación tradicionales o en la agenda política. Como ejemplo de ello podemos exponer el caso del movimiento a favor del aborto en México, que durante la reclusión forzada, derivada de la *"pandemia"* por *COVID*, emplearon las redes sociales de una manera ingeniosa; creando contenido atractivo tendiente a la manipulación social, para conseguir adeptos que no tenían antes del forzado encierro.

CONCLUSIÓN.

La Ventana de Overton es una herramienta poderosa para entender cómo las ideas y políticas pueden moverse dentro del espectro de lo socialmente aceptable. Desde su formulación por Joseph Overton, ha proporcionado un marco para analizar el cambio social y político a lo largo del tiempo. En el mundo contemporáneo, donde las ideas pueden propagarse y cambiar rápidamente gracias a la tecnología y las redes sociales, la comprensión de este concepto es más relevante que nunca.

En este punto, es importante reiterar que la Venta de Overton, es un modelo de cambio político que puede ser aplicado en sentido positivo, como lo fue la *"aceptación"* del voto de la mujer, pero también se puede aplicar, para manipular las ideas, opiniones y acciones de la sociedad común, todo esto para *"legitimar"* una política pública nociva para la mayoría de la población. Un ejemplo de ello es la *normalización y legalización* de la *pedofilía*; lo veremos a detalle en uno de los capítulos que se desarrollan con posterioridad.

LA BATALLA POR LA LIBERTAD

"No existe tu verdad, existe La Verdad y tu opinión.
Busquemos la verdad aún a pesar de la propia opinión".
Luis Magallón

John Stuart Mill[85], en su ensayo *"Sobre la libertad"* (1859), expone una defensa apasionada de la libertad de pensamiento y expresión, la libertad de acción y la libertad de asociación como derechos fundamentales de los individuos en una sociedad civilizada.

Mill sostiene que la libertad de pensamiento y de expresión es esencial para el progreso de la sociedad. Argumenta que suprimir opiniones, incluso aquellas consideradas erróneas o impopulares, priva a la sociedad de la verdad potencial y del debate necesario para el desarrollo intelectual y moral. Según *Mill*, las ideas deben ser discutidas libremente para que la verdad prevalezca.

EL PUNTO CLAVE.

En la última década, se han impulsado una serie de supraderechos, que han generado ciudadanos de primera y segunda categoría; mientras que unos gozan de impunidad, otros son perseguidos por presentar disidencia ante estos supraderechos. Algunos ven como progreso, que hoy en día, miembros de la comunidad del *"arcoiris"* puedan *"casarse"*, adoptar menores y tener leyes que los *"protegen"*; no obstante, este llamado progreso representa una inequidad social que transgrede principalmente, los derechos a la libertad de pensamiento, conciencia y religión. La inequidad social que hoy se vive, ha provocado debates acalorados y casos controvertidos que han puesto a prueba los límites de la tolerancia y la convivencia en sociedades democráticas.

En 2021, un caso que captó la atención nacional en Estados Unidos involucró a una maestra de California que se negó a usar los pronombres preferidos de un estudiante transgénero, argumentando que ante la obligatoriedad de hacerlo, se violentaban sus derechos a la libertad de pensamiento, conciencia y religión. La maestra fue suspendida y posteriormente despedida; los directivos de la escuela consideraron, que el hecho representaba una violación de sus políticas anti-discriminación. Este caso se convirtió en un punto focal del debate, sobre las libertades fundamentales versus los *"derechos" LGBTQ+*.

El caso de la maestra, surgió en el contexto de la creciente visibilidad y aceptación de personas *"transgénero"* en la sociedad estadounidense, así como de la implementación de políticas educativas que buscaban proteger a los estudiantes trans de la *"discriminación"*. Sin embargo, estas políticas han entrado en conflicto con los derechos a la libertad de pensamiento, conciencia y religión de algunos maestros y personal educativo, que consideran que emplear los pronombres de género contradice sus convicciones y transgrede sus derechos.

Las consecuencias de este caso fueron profundas. Para la comunidad *LGBTQ+*, el caso representó una victoria en la lucha contra la discriminación y el reconocimiento de los derechos de las personas trans. Sin embargo, para los defensores de las *libertades fundamentales*[86], el caso fue visto como un ejemplo de coerción y una amenaza al ejercicio de los derechos humanos de índole colectiva. El caso también exacerbó las divisiones políticas y culturales en los Estados Unidos, alimentando el debate sobre el alcance de los *"derechos" LGBTQ+* y su impacto en los derechos a la libertad de pensamiento, conciencia y religión del resto de la sociedad.

Uno de los casos más emblemáticos en esta batalla por la libertad, es el del *Masterpiece Cakeshop* en Colorado, Estados

Unidos. En 2012, *Jack Phillips*, propietario de la panadería, se negó a crear un pastel de bodas para una pareja del mismo sexo, argumentando respeto a sus derechos a la libertad de conciencia y culto. La pareja ofendida, presentó una demanda por discriminación, lo que llevó a una batalla legal que culminó en una sentencia dictada por la Corte Suprema de Estados Unidos en 2018.

El caso *Masterpiece Cakeshop*, se originó en un momento histórico, en que los *"derechos"* de las parejas del mismo sexo, ganaban terreno en los Estados Unidos, particularmente después de la legalización del llamado matrimonio entre personas del mismo sexo en 2015. Sin embargo, este *"progreso legal"* encontró una fuerte resistencia por parte de individuos y negocios, que argumentaban que cumplir con ciertas leyes antidiscriminatorias, violentaba sus derechos a la libertad de conciencia y culto.

La decisión de la Corte Suprema, favoreció a *Phillips*, generando un impacto significativo en la sociedad estadounidense. La sentencia dictada, no resolvió de manera definitiva el conflicto entre los derechos *LGBTQ+* y las libertades fundamentales, dejando la puerta abierta a futuras controversias legales. Además, el caso profundizó las divisiones sociales; integrantes de la comunidad *LGBTQ+*, vieron el *fallo*[87] como una licencia para discriminarlos, mientras que los defensores de la libertad, lo vieron como una protección necesaria de sus derechos fundamentales.

En Canadá, un caso notable involucró a un refugio administrado por hermanas religiosas, que se negaron a albergar a una *"mujer transgénero"*, argumentando vulneración a la seguridad para las administradoras del refugio y respeto a sus derechos a la libertad de conciencia y culto. La controversia generó un debate nacional en Canadá, sobre el respeto a los derechos de las minorías, por encima de los derechos del resto de la sociedad. Para la comunidad del *"arcoiris"*, el caso subrayó la necesidad de protecciones más fuertes contra la discriminación. Para las organizaciones religiosas, el caso fue un ejemplo de cómo las leyes antidiscriminatorias pueden entrar en conflicto con la libertad de conciencia y culto. El resultado fue una mayor polarización en la sociedad canadiense, con ambos lados sintiendo que sus derechos fundamentales estaban bajo ataque.

Otro caso que generó mucha polémica en Canadá, fue el de una *"mujer trans"* que acudió al salón de depilación *Mad Wax*, para solicitar una *depilación brasileña*; el propietario del salón, se negó a practicar el servicio, alegando que dicha depilación solo se le aplica a mujeres biológicas; además argumentó respeto a sus derechos a la libertad de conciencia y culto.

Inconforme con la atención, la *"mujer trans"* demandó por discriminación al dueño del salón. Después de un largo proceso judicial, que duró más de seis años, el Tribunal de Derechos Humanos de Ontario, Canadá, emitió una sentencia en la que condenó al propietario del salón, al pago de 35,000 dólares en compensación a la supuesta discriminación.

En México, la entonces diputada del Partido Acción Nacional, *María Teresa Castell*, fue denunciada por la *"diputada trans"* *Salma Luévano*, supuestamente por haber sufrido *violencia política en razón de género*. La denuncia surgió, debido a que en un programa de televisión abierta, *Teresa Castell* no se refirió a *Salma Luévano* con los pronombres de su preferencia. *Teresa Castell* alegó en su defensa, que al obligarla a usar una serie de pronombres, se transgrede su derecho a la libertad de expresión y opinión.

Este caso fue elevado hasta el Tribunal Electoral, que al final determinó que la diputada *Castell*, había cometido violencia política de género en contra de *Luévano*, por lo que se le inscribió en el registro nacional de personas sancionadas en materia política contra las mujeres del INE y se le obligó a pedir una disculpa pública a la *"diputada trans"*.

Este caso es especialmente simbólico, pues fue un hombre biológico, quien al manipular las leyes que se crearon, para proteger a las *mujeres biológicas*[88] de la violencia que sufren a cargo de los hombres, logró que se sancionara a *Teresa Castell*.

En Finlandia, un caso reciente involucró a un médico cristiano que se negó a referir a un paciente transgénero, para tratamiento de *"reasignación de sexo"*, argumentando ser objetor de conciencia. El médico fue denunciado y enfrentó acciones disciplinarias, lo que provocó un debate sobre los límites de la libertad de conciencia en el ámbito médico. Actualmente, las políticas de salud pública en Finlandia, buscan garantizar que todas las personas tengan acceso a la atención médica, incluidas las personas transgénero, dejando de lado el derecho a la objeción de conciencia de los profesionales de la salud.

En Pau, una comunidad ubicada al sur de Francia, el Doctror *Victor Acharian*, ginecólogo de profesión, fue acusado de *"transfobia"*, por haberse negado a atender a una *"mujer transexual"*. Este caso fue elevado a noticia nacional y en declaraciones ante los medios, *Acharian* sostuvo:

> *"No tengo habilidades para cuidar a hombres, incluso si se han afeitado la barba y vienen a decirle a mi secretaria que se han convertido en mujeres. Mi mesa de examen GINECOLÓGICO no está adaptada para examinar a hombres. Usted dispone de servicios especializados muy competentes para encargarse de hombres como usted. Le agradezco que haya informado a las personas TRANS de no venir nunca a mi consulta".*

Las declaraciones emitidas, generaron una serie de reacciones en toda Francia, en su mayoría de apoyo al argumento planteado por el Doctor. La asociación SOS Homofobia no tardó en pronunciarse, anunciando que presentarían una denuncia en contra del ginecólogo, por lo que consideraron *"declaraciones transfóbicas y discriminatorias"*. El caso sigue sin resolverse.

En Polonia, un país con una fuerte tradición católica, las parroquias han estado bajo presión para cumplir con las políticas de inclusión *LGBTQ+*, lo que ha generado conflictos con amplios sectores de la población. En varios casos, sacerdotes y líderes religiosos han enfrentado sanciones legales por negarse a realizar ceremonias o brindar servicios a parejas del mismo sexo. Este conflicto surge en un país donde la Iglesia Católica tiene una profunda influencia social y cultural. Con el avance de los supraderechos *LGBTQ+* en Europa, las parroquias en Polonia se han visto obligadas a enfrentarse a un dilema: adherirse a la doctrina de la Iglesia y soportar las sanciones impuestas, o cumplir con las leyes de no discriminación que protegen a las personas LGBTQ+. Hasta ahora, la Iglesia polaca se ha mantenido firme en la defensa y promoción de la doctrina.

En Irlanda, el profesor cristiano *Enoch Burke*, fue enviado a prisión en dos ocasiones, tras negarse a dirigirse a un estudiante transgénero con el pronombre que eligió.

Burke había sido suspendido temporalmente de su cargo como profesor, tras oponerse públicamente al pedido institucional de Wilson's Hospital School (lugar en el que desempeñaba sus funciones), de dirigirse a un alumno transgénero con un nuevo nombre y utilizar el pronombre *"they"* (*ellos o ellas*) en lugar de *"he"* (*él*).

El profesor cuestionó la posición de la escuela y afirmó que la solicitud equivalía a una violación de sus derechos constitucionales. Luego de la baja administrativa, en lugar de quedarse en casa esperando a que concluyera el procedimiento disciplinario, el profesor siguió acudiendo a la escuela a dar clases. Su continua *"desobediencia"* terminó con su detención. *"Estoy aquí hoy porque no llamaría niña a un niño"*, declaró, insistiendo en que hacerlo era "una violación" de su derecho a la libertad de conciencia.

La junta escolar alegó que su presencia había causado *"graves perturbaciones para el personal y los estudiantes"*. El Tribunal Superior le impuso una multa diaria de 700 euros y, finalmente, un juez dictaminó que debía regresar a la cárcel "indefinidamente".

ELEMENTOS.

La Declaración Universal de los Derechos Humanos, adoptada en 1948, y otros tratados internacionales de derechos humanos han establecido el marco para la expansión de los derechos individuales en el siglo XX y en el XXI. Estos documentos proclaman el derecho a la libertad de conciencia, religión y pensamiento, así como los derechos de igualdad y no discriminación. Los colectivos feministas, *LGTBQ+* y trans, con la complacencia y apoyo de las estructuras de poder, han manipulado los derechos a la igualdad y no discriminación, para imponer percepciones ligadas a la sexualidad, que hoy en día deben ser aceptadas de manera obligatoria, transgrediendo libertades fundamentales, de la sociedad en general.

Las libertades fundamentales son derechos que todo ser humano posee por el simple hecho de existir. Estas libertades están intrínsecamente ligadas a la noción de dignidad humana y abarcan una amplia gama de derechos que permiten a las personas vivir de manera libre y plena. Entre las libertades fundamentales más reconocidas se encuentran la libertad de expresión, la libertad de pensamiento y religión, la libertad de asociación y reunión.

Estas libertades son esenciales, porque permiten el desarrollo integral de las personas y el ejercicio pleno de su autonomía. Además, son la base sobre la cual se construyen otros derechos humanos y son fundamentales para la democracia y el estado de derecho. Sin el respeto a estas libertades, las sociedades se arriesgan a caer en formas de gobierno autoritarias o totalitarias que restringen la participación ciudadana y reprimen la disidencia.

CONCLUSIÓN.

Los conflictos antes expuestos, son solo un ejemplo de los cientos que se desatan en todo el mundo. No hay tregua aparente, por el contrario se prevé que los conflictos se agudicen; es en este contexto, que emerge el *wokismo*, un fenómeno social que analizaremos en el siguiente capítulo.

WOKISMO

Al podcast titulado *"El Sentido de la Birra"*, conducido por *Ricardo Moya*, fue invitada *Irene Montero*, la exministro de Igualdad en España. Durante la conversación, *Irene* describió lo que para ella, sería la *definición* perfecta de *"mujer"*. Una descripción que se centró en la posición de desigualdad que, según *Montero*, las mujeres ocupan en comparación con los hombres.

"Ser mujer es una posición en la sociedad, que por el hecho de ser mujer te hace tener más riesgo de pobreza, más riesgo de sufrir violencias, te hace ocuparte mayoritariamente de las tareas de cuidados y tener más dificultades para desarrollar tu proyecto de vida".

El entrevistador sugirió que con tal explicación, *Montero* estaría diciendo que mujer *"es la persona que sufre más violencia, que sufre más pobreza, que sufre más discriminación"*. La exministra asentía a esa idea y añadía la importancia de *alejarse de características biológicas o femeninas* para definir el concepto:

"Sí. Desde luego, mucho más que tener determinadas características biológicas o características femeninas que nadie sabe listar. Hay muchas mujeres que no cumplen con esas características, con una o con varias".

¿Esa sería la definición de mujer?, volvía a insistir *Moya*. *"Pero entonces, tú no entrarías en esta descripción"*, añadía para sorpresa de *Montero*, que inmediatamente cuestionaba el por qué de esa afirmación. El entrevistador justificaba entonces su respuesta, posicionando a la exministra como una persona con evidente

poder adquisitivo, que lejos de ser discriminada, *"ha llegado a ciertas cuotas de poder"*.

Según la definición de *Irene Montero*, todas las mujeres exitosas, que han logrado un puesto de poder y que tienen a su cargo uno o varios grupos de hombres, no serían mujeres.

PREGUNTAS SIN RESPUESTAS.

A este grado de absurdez hemos llegado; personas que no son capaces de responder con coherencia, a una pregunta tan simple como *¿Qué es una mujer?*[89] Y no lo hacen por *"miedo"* a quedar mal con algún colectivo o persona de su *"tribu"*, que no se sienta identificada o representada con la definición. Hoy en día, pareciera ser que la percepción de la realidad, tiene mucho más peso que los hechos biológicos.

Es en este contexto, que emerge un fenómeno social llamado *wokismo*, que aboga por el reconocimiento de todas las identidades, de todas las preferencias, exige la corrección de lo que sus partidarios perciben como injusticias históricas y estructurales, y busca que su visión de la realidad, sea aceptada, incluso con la fuerza del estado, por toda la sociedad.

El término *"woke"* proviene del *inglés afroamericano vernáculo*[90] y que originalmente se utilizó para describir a una persona que estaba *despierta* o *consciente* de las injusticias sociales y políticas, especialmente en relación con el racismo. La palabra woke comenzó a ganar popularidad en la cultura estadounidense durante la década de 1960, en el contexto del movimiento por los derechos civiles. Sin embargo, no fue sino hasta la década de 2010 que el término se convirtió en un fenómeno cultural más amplio, asociado principalmente a las causas *"progresistas"*, que incluyen el feminismo, los supraderechos *LGBTQ+*, la lucha de clases, entre otros. Con el tiempo, *"woke"* evolucionó de una llamada a la conciencia social a una forma de dogmatismo ideológico que busca coaccionar el pensamiento disidente.

Una de las áreas más controversiales, en las que el wokismo ha tenido un impacto significativo es en el ámbito de la libertad de expresión. En los últimos años, ha habido un aumento en la práctica de la *cancelación*[91], una forma de rechazo social en la que individuos o instituciones son boicoteados, criticados o excluidos por expresar opiniones que se consideran ofensivas o inaceptables según los estándares progresistas contemporáneos.

Este fenómeno de la *"cancelación"* ha generado un intenso debate sobre los límites de la libertad de expresión y el derecho a disentir. Por un lado, los defensores del wokismo argumentan que la cancelación es una forma legítima de sancionar a las personas por discursos o acciones que a su consideración perpetúan el racismo, el sexismo, la homofobia u otras formas de opresión. Por otro lado, los críticos sostienen que la cancelación se ha convertido en una herramienta para silenciar la disidencia y promover un pensamiento único que va en contra de los principios fundamentales de una sociedad democrática.

EJEMPLOS.

Un ejemplo notable de este conflicto, es el caso de *J.K. Rowling*[92], autora de la saga *"Harry Potter"*, quien ha sido objeto de críticas y boicots por sus comentarios sobre cuestiones de género y supraderechos de las *personas transgénero*. Mientras que algunos la acusan de *transfobia*, otros defienden su derecho a expresar sus opiniones sin ser *"cancelada"* por ello.

Otra batalla cultural significativa que ha surgido en el contexto del wokismo, es la revisión histórica y el derribo de estatuas y monumentos, que conmemoran a figuras históricas asociadas, según su visión, con la opresión y la esclavitud. Este fenómeno se intensificó a raíz del movimiento Black Lives Matter (BLM) en 2020, cuando protestas en distintas partes del mundo, se centraron en la eliminación de estatuas de personajes como *Cristóbal Colón, Robert E. Lee y Cecil Rhodes.*

Los defensores del derribo de estatuas argumentan que estos monumentos glorifican un pasado de injusticia y deben ser removidos como un acto simbólico de reparación y reconocimiento de los daños causados por el racismo y la colonización. Los críticos, sin embargo, consideran que este enfoque es una forma de revisionismo histórico que borra aspectos importantes de la historia, conduce a una peligrosa simplificación del pasado y propicia la implantación de un pensamiento único.

El wokismo también ha tenido un impacto profundo en los medios de comunicación y la cultura popular, particularmente en términos de *representación y diversidad*. En la última década, ha habido un esfuerzo creciente por promover la *"inclusión"* de voces diversas en la televisión, el cine, la literatura y otros medios. Esto incluye un aumento en la representación de personas de color, mujeres y personas *LGBTQ+*, que lejos de ser los más aptos o capaces para la labor, tienen un fin utilitario para curbrir una *"cuota"*.

El énfasis en la identidad y la representación que promueve el wokismo, puede llevar a un enfoque superficial de la justicia social, que privilegia la apariencia sobre el contenido y la calidad de la obra.

Para ejemplificar el punto antes descrito, cito la controversia en torno a la serie de *Netflix "The Witcher"*, que ha sido tanto celebrada por su *diversidad*[93] de elenco, como criticada por la mayoría de la sociedad, que sienten que la serie no es fiel a las representaciones originales de los personajes en las novelas. La tensión entre la fidelidad a la fuente y el impulso hacia la *"inclusión"*, refleja una batalla cultural que apenas comienza.

LA INFLUENCIA.

El wokismo también ha influido en la educación, particularmente en lo que respecta a la currícula escolar y la forma en que se enseñan temas como la historia, la literatura, las ciencias sociales y la biología. En algunos países, ha habido un esfuerzo no consensuado, por revisar los planes de estudio para incluir educación con perspectiva de género y abordar cuestiones como las identidades, preferencias sexuales y derechos sexuales y reproductivos. Esto se ha generado, incluso sin el consentimiento de los padres, fomentando una manipulación ideológica, que está derivando en una lucha de hijos que han adquirido una educación ideologizada, contra padres que buscan que la razón y la cordura prevalezca[94].

Mientras que los defensores del wokismo en la educación argumentan que estos cambios son necesarios para proporcionar una educación más completa e inclusiva, los críticos advierten que la ideología wokista puede llevar a una forma de adoctrinamiento que presenta una visión unilateral de la historia y suprime puntos de vista disidentes.

El wokismo institucional, es otra forma en la que han impulsado este fenómeno social. No es sorpresa, que las empresas de talla mundial, que han reclutado dentro de sus filas laborales, a personas que se identifiquen con el wokismo, hayan cedido a promover sus ideas; algo que les ha salido muy caro, no solo por el desprecio social, también por las pérdidas económicas que esto les ha representado.

El caso más emblemático de este hecho, es el de la empresa *Bud Light*, que perdió más de cinco mil millones de dólares, en valor de capitalización de mercado, luego de brindar su respaldo a la *activista trans, Dylan Mulvaney*, figura *influyente* en las redes sociales. Las ventas de la cerveza, cayeron un 24% y la marca perdió su posición de la más vendida en Estados Unidos, siendo superada por la marca Modelo Especial.

Una de las críticas más comunes al wokismo es que fomenta un ambiente de excesiva sensibilidad y victimización, en el que las personas se ofenden fácilmente y utilizan esta ofensa como una herramienta para evitar el debate y silenciar a sus oponentes. Los críticos argumentan que esta actitud puede ser perjudicial para la sociedad, ya que desalienta la discusión abierta y el intercambio de ideas, lo cual es esencial para una democracia saludable.

Otra crítica importante es que el wokismo promueve un tipo de tribalismo y división social, en el que las personas son juzgadas no por sus acciones o carácter, sino por su pertenencia a grupos de identidad específicos. Este enfoque puede llevar a una intolerancia hacia aquellos que no comparten las mismas creencias o que no cumplen con los estándares progresistas, resultando en un ambiente de exclusión y antagonismo.

También se ha señalado, en reiteradas ocasiones, que el movimiento woke, a menudo cae en contradicciones internas. Por ejemplo, mientras que el wokismo aboga por la libertad de expresión y la diversidad de ideas, en la práctica, a menudo busca censurar o marginar a aquellos que no se alinean con su agenda. Esta hipocresía sustenta las acusaciones de que el wokismo no es un movimiento por la justicia social, sino que es un movimiento que busca la imposición de un pensamiento único.

CONCLUSIÓN.

El wokismo ha tenido un impacto profundo en la cultura contemporánea y ha desencadenado un debate significativo sobre la justicia social, la libertad de expresión y la identidad. Mientras que algunos ven en el wokismo un avance hacia una sociedad más justa e inclusiva, otros lo perciben como una amenaza para los valores democráticos y el debate abierto. A medida que el wokismo continúa evolucionando, es probable que siga siendo una fuerza polarizadora en la sociedad. El desafío para el futuro será encontrar la forma de debilitar ese movimiento y propiciar el que las nuevas generaciones se decanten por el uso de la razón y elementos de convicción para su actuar diario.

LOS HIJOS VS LOS PADRES

"El totalitarismo se basa en una ideología hecha de mentiras. La existencia del sistema depende del miedo que la gente tenga a desafiar esas mentiras"

Aleksandr Solzhenitsyn

"Entonces un hermano entregará a su hermano a la muerte, y el padre al hijo; y los hijos se levantarán contra los padres, y los harán morir".[95]

El conflicto entre padres e hijos no es un fenómeno nuevo, pero en el transcurso del siglo XX y principios del siglo XXI, ha adquirido características, que lo han convertido en un tema central en los estudios sobre la familia y la sociedad.

A lo largo de la historia, los conflictos entre generaciones han sido una constante. La relación entre padres e hijos ha estado marcada por un choque entre la preservación de las tradiciones, costumbres y la adaptación a nuevos paradigmas sociales, políticos y culturales. Este fenómeno se observa, tanto en sociedades tradicionales, como modernas, y en distintos momentos históricos.

La literatura ha explorado este tema, como lo hace *George Orwell* en su famosa novela *1984*. En esta obra distópica, el régimen totalitario controla la vida de las personas hasta el punto de que los hijos, adoctrinados por el sistema, vigilan y denuncian a sus propios padres. Este ejemplo literario no es simplemente una ficción, sino un reflejo de lo que ha ocurrido en diversas sociedades totalitarias a lo largo de la historia.

En la antigua Grecia, *Sócrates* ya se quejaba de que los jóvenes no respetaban a sus mayores y cuestionaban las tradiciones, un lamento que ha resonado en casi todas las generaciones posteriores. En el Imperio Romano, durante la República, las diferencias entre padres e hijos se intensificaron en tiempos de crisis política, especialmente cuando estos adoptaban nuevas ideologías o formas de vida, que contradecían los valores familiares tradicionales.

El desarrollo de las sociedades industriales, en el siglo XIX, exacerbó el conflicto entre generaciones, especialmente en Europa y América del Norte. Los padres, que habían crecido en sociedades agrarias y preindustriales, se encontraron con que sus hijos vivían en un mundo completamente diferente, marcado por el auge del capitalismo, la urbanización y la secularización de la vida social. Este conflicto alcanzó su apogeo en la década de 1960 con la revolución cultural y los movimientos estudiantiles en Europa y los Estados Unidos, en los cuales los jóvenes rechazaron abiertamente los valores de sus padres y abogaron por nuevas formas de organización social, política y cultural.

En las sociedades contemporáneas, el conflicto generacional ha adoptado nuevas formas debido a la proliferación de la tecnología digital y las redes sociales. Las generaciones más jóvenes están inmersas en un mundo de cambios rápidos, en el cual las ideas y valores tradicionales a menudo parecen *anticuados*. Este choque generacional ha dado lugar a movimientos como el *"OK Boomer"*, que encapsula el rechazo de los jóvenes hacia las generaciones mayores, a las que perciben como responsables de los problemas económicos, sociales y ambientales del mundo moderno.

EN LA UNIÓN SOVIÉTICA.

Uno de los ejemplos más extremos de conflicto generacional impulsado por diferencias ideológicas, ocurrió en la Unión Soviética bajo el régimen de *Stalin*. Durante este período, el Estado promovió activamente la idea de que la lealtad al Partido Comunista, debía estar por encima de cualquier otra lealtad, incluidas las familiares. Este adoctrinamiento comenzaba a una edad muy temprana, a través de organizaciones juveniles como los *Pioneros*[96] y el *Komsomol*[97], que inculcaban a los niños el deber de denunciar cualquier actividad, que consideraran contrarrevolucionaria, incluso si esta implicaba a sus propios padres.

El caso más emblemático, en esa época, fue el de *Pavlik Morozov*[98], un joven que *supuestamente* denunció a su padre, ante el régimen comunista, por actividades contrarrevolucionarias; *Pavlik* fue asesinado por su propia familia como resultado de su traición. La historia de *Pavlik* fue ampliamente difundida por el Estado soviético, que lo convirtió en un *"héroe"* de la juventud comunista. Aunque los detalles sobre la veracidad de la historia, son objeto de debate entre los historiadores, el mensaje que transmitía era claro: *la lealtad al partido debía prevalecer sobre los vínculos familiares.*

La difusión y aplicación de ideas, que sostenían que el Estado estaba por encima, incluso de la familia, fue devastador para la sociedad soviética. Los padres vivían con el miedo constante de ser denunciados por sus propios hijos, lo que generaba una atmósfera de desconfianza y paranoia en los hogares. Los hijos, por su parte, eran manipulados por el Estado para convertirse en herramientas de control social. Este fenómeno no solo destruyó familias, sino que también socavó uno de los pilares fundamentales de cualquier sociedad: *la confianza entre generaciones.*

El sistema soviético creó un ambiente en el que la traición era recompensada y la lealtad familiar era vista como secundaria a los intereses del Estado. El miedo y la sospecha impregnaron la vida cotidiana, y los lazos familiares, que normalmente servirían como una fuente de apoyo y consuelo en tiempos difíciles, se convirtieron en una potencial amenaza.

La dinámica instaurada en la URSS bajo *Stalin*, no solo

involucraba la lealtad al Partido Comunista, sino que apelaba a un control psicológico y emocional más profundo. El régimen comunista comprendió que, para mantener el control absoluto sobre la sociedad, debía comenzar con la educación de los jóvenes, formando en ellos una lealtad incondicional hacia el Estado, que sobrepasara cualquier otro tipo de fidelidad, incluyendo la familiar.

ORGANIZACIONES DE ADOCTRINAMIENTO.

Las organizaciones juveniles, como los *Pioneros* y el *Komsomol*, desempeñaron un papel crucial en este proceso de adoctrinamiento. Los *Pioneros*, una organización dirigida a niños de entre 9 y 15 años, se presentaba como una vía de formación socialista desde temprana edad. Dentro de este sistema, los niños eran educados en los principios del comunismo y en la importancia de ser fieles al partido y a sus ideales. En cada aspecto de su formación, se les enseñaba que el Estado tenía prioridad sobre la familia, que la *"lealtad a la patria"* estaba por encima de cualquier vínculo afectivo.

El *Komsomol*, por otro lado, era la organización destinada a jóvenes de 15 a 28 años; un grupo cuya misión era formar futuros líderes y soldados del régimen comunista. El *Komsomol* no solo capacitaba a los jóvenes en habilidades prácticas o militares, sino que también inculcaba un profundo sentido de responsabilidad hacia la *vigilancia ideológica*. Dentro de esta organización, la denuncia de actos contrarrevolucionarios, era vista como un deber sagrado, incluso cuando esos actos eran cometidos por amigos o familiares.

El miedo desempeñó un papel central en la sociedad soviética bajo el régimen de *Stalin*. Los ciudadanos, temerosos de ser denunciados por cualquier comportamiento que pudiera ser interpretado como subversivo, debían vivir en un estado constante de autocensura. Este miedo no se limitaba a la esfera pública; se infiltraba en la vida privada de las familias. Los padres sabían que cualquier comentario crítico sobre el gobierno o el sistema comunista, podría ser transmitido a las autoridades por sus propios hijos.

La Gran Purga[99], fue uno de los casos más impactantes, que tuvo lugar entre 1936 y 1938, un período en el que *Stalin*, intensificó la represión de supuestos *"enemigos del pueblo"*. En esta época, millones de ciudadanos soviéticos fueron ejecutados o enviados a *gulags*[100], y las denuncias entre familiares, se convirtieron en una herramienta terrorífica del Estado. Los niños, adoctrinados desde una edad temprana, fueron un componente clave en este proceso, y muchos padres fueron traicionados por sus propios hijos.

EL MITO.

El mito de *Pavlik Morozov*, ilustra el poder de la propaganda soviética, en la creación de un ícono de la lealtad al Estado por encima de los lazos familiares. Según la versión oficial, *Pavlik*, un niño de 13 años, denunció a su padre ante las autoridades soviéticas, por colaborar con los *kulaks*[101] y sabotear las políticas colectivistas del gobierno. Como consecuencia, su padre fue arrestado y *Pavlik* fue asesinado posteriormente por miembros de su propia familia como represalia.

El relato de *Morozov,* fue ampliamente utilizado por el Estado, como ejemplo del tipo de ciudadano que debía producir el sistema comunista. Fue presentado como un *"héroe"* que antepuso los intereses del Estado a los de su propia familia, y *su historia fue enseñada en las escuelas de toda la URSS.*

Independientemente de la veracidad de la historia, el mito de *Pavlik Morozov* tuvo un impacto real en la sociedad soviética. Los niños fueron alentados a seguir su ejemplo, y la posibilidad de ser denunciado por un familiar se convirtió en una herramienta efectiva para mantener el control social. *Pavlik* fue convertido en un *mártir del comunismo*, y su imagen fue utilizada para consolidar la idea de que la lealtad al partido era la única lealtad verdadera.

¿Y LAS RELACIONES FAMILIARES?

El impacto de estas políticas de denuncia, fue devastador en las familias soviéticas. La constante sospecha, la posibilidad de que los hijos fueran utilizados como herramientas de vigilancia, erosionó profundamente la confianza y afectó el desarrollo de las relaciones afectivas dentro del hogar. Los padres vivían con la constante presión de mantener una apariencia de lealtad absoluta al régimen, incluso en la intimidad de sus propios hogares, lo cual generaba una atmósfera de paranoia.

Muchos padres se encontraron ante la difícil posición de equilibrar el deseo de enseñar a sus hijos sobre el valor de la familia y las tradiciones, con el temor de que cualquier enseñanza, que contradijera a la doctrina oficial pudiera llevar a su denuncia. Este conflicto moral generó una angustia profunda en muchos hogares soviéticos, donde los lazos familiares, que deberían haber sido una fuente de apoyo y estabilidad, se convertían en una fuente de inseguridad.

El régimen comunista de *Stalin*, comprendió que una de las formas más efectivas de eliminar la resistencia al Estado, era *desmantelar las estructuras familiares tradicionales*, en las que los padres actuaban como figuras de autoridad y *transmisores de valores*. Al debilitar estos lazos, el Estado podía garantizar que los más jóvenes, crecieran en un entorno donde la única fuente de autoridad legítima, era el Partido Comunista.

Esto creó una situación paradójica en la que el Estado, que teóricamente promovía la *igualdad y la justicia*, se convirtió en una fuente de opresión dentro de la estructura familiar. Los niños, adoctrinados desde temprana edad, *aprendieron a ver a sus padres no como protectores o guías morales, sino como potenciales enemigos del Estado*, si estos no se alineaban con los dictados del partido. De este modo, el régimen soviético logró imponer una forma de control que no solo se limitaba a la esfera pública, sino que también *se extendía a la vida privada de los ciudadanos.*

GEORGE ORWELL – 1984.

El conflicto entre padres e hijos, en el contexto de un régimen totalitario no es solo un fenómeno histórico, sino también un tema recurrente en la literatura *distópica*[102]. Uno de los ejemplos más icónicos se encuentra en la novela *1984* de *George Orwell*[103], donde el autor explora las formas en que un Estado totalitario puede manipular y controlar a sus ciudadanos, incluyendo *la traición dentro de las familias.*

En *1984*, *Orwell* describe una sociedad ficticia en la que el Partido, encabezado por la figura omnipresente del *Gran Hermano*, ejerce un control total sobre cada aspecto de la vida de los ciudadanos. En esta sociedad, no hay lugar para la privacidad ni para la individualidad, y el Estado utiliza una serie de mecanismos para garantizar que los ciudadanos se mantengan fieles al Partido en todo momento.

Uno de los mecanismos más efectivos es la *"Policía del Pensamiento"*; una fuerza encargada de vigilar y castigar a cualquiera que muestre signos de disidencia, no sólo en sus acciones, sino también en sus pensamientos. Este control mental es posible gracias a la constante vigilancia a la que están sometidos los ciudadanos, tanto en el ámbito público como en el privado.

De los aspectos más aterradores, del régimen descrito en *1984*, es la forma en que los niños son adoctrinados desde una edad temprana, para espiar a sus propios padres y denunciarlos ante el Estado, si es que detectan cualquier signo de pensamiento o comportamiento subversivo. *Orwell* describe a los hijos, como una extensión de la *Policía del Pensamiento*, como un medio para garantizar que incluso en la intimidad del hogar, los ciudadanos no puedan escapar de la vigilancia del Estado.

La figura de los niños en *1984* refleja una inversión total de las dinámicas familiares tradicionales. En lugar de ser protegidos y guiados por sus padres, los niños son herramientas del régimen, y su lealtad está dirigida exclusivamente al Partido. Esto genera una atmósfera de miedo y desconfianza dentro de las familias, donde los padres deben tener cuidado con lo que dicen y hacen frente a sus propios hijos, por temor a ser traicionados.

Un ejemplo claro de esta dinámica en *1984*, es el personaje de *Parsons*, un ciudadano devoto del Partido que, a pesar de su lealtad, es denunciado por su propia hija pequeña, por hablar mal del *Gran Hermano* en sus sueños. Este hecho muestra hasta qué punto el régimen ha logrado penetrar en la vida íntima de los ciudadanos, convirtiendo a los hijos en agentes del Estado. La traición a *Parsons*, de parte de su hija, no es solo un acto de denuncia, sino una demostración del éxito del adoctrinamiento estatal.

Este episodio es particularmente significativo porque *Parsons* no es un disidente, sino un miembro fiel del Partido. Sin embargo, la lealtad del régimen hacia sí mismo es tan extrema, que incluso una ofensa menor, cometida inconscientemente en un sueño, es suficiente para justificar su arresto. La figura de la hija que denuncia a su padre, ejemplifica la distorsión total de los valores familiares en la *sociedad orwelliana*.

En la novela de *Orwell*, la propaganda desempeña un papel crucial en el adoctrinamiento de los niños. Los jóvenes crecen inmersos en un ambiente en el que se les enseña que el *Gran Hermano* es infalible y que cualquier crítica al Partido es una traición. Esta propaganda está diseñada para moldear sus mentes desde una edad temprana, de modo que su lealtad al régimen sea absoluta.

La educación en *1984* está completamente controlada por el Partido, y los niños no tienen acceso a ninguna fuente de información que contradiga la narrativa oficial. Esto crea una generación de jóvenes completamente sumisos al poder del

Estado, incapaces de cuestionar la autoridad y dispuestos a traicionar a sus propios padres si detectan cualquier señal de disidencia.

LA SEMEJANZA.

Las similitudes entre la situación descrita en *1984* y lo que ocurrió en la URSS de *Stalin* son notables. En ambos casos, el Estado totalitario utiliza a los niños como herramientas de control, adoctrinándolos desde una edad temprana, para que sean leales al régimen por encima de sus propias familias. Tanto en la URSS como en *1984*, la traición entre padres e hijos se convierte en un mecanismo clave para mantener el control social.

Sin embargo, mientras que la URSS representaba un régimen totalitario real, *1984* es una obra de ficción que lleva al extremo las características de un Estado totalitario. Orwell utiliza la figura de los niños delatores para mostrar cómo *un régimen opresivo puede destruir no solo la libertad individual, sino también los vínculos familiares más sagrados*. La novela de *Orwell* se convierte así en una advertencia sobre los peligros de un Estado que controla todos los aspectos de la vida de sus ciudadanos, incluyendo sus relaciones más íntimas.

LA EDUCACIÓN.

El sistema educativo desempeña un papel fundamental en la formación de la identidad ideológica de los jóvenes y, por lo tanto, en la creación o mitigación del conflicto generacional. A través de la educación, las sociedades transmiten valores, conocimientos y habilidades a las nuevas generaciones, pero también pueden influir en sus creencias políticas y sociales.

A lo largo de la historia, los sistemas educativos han sido utilizados tanto como herramientas de control social como de liberación. En los regímenes totalitarios, la educación se ha utilizado principalmente como un medio para adoctrinar a los jóvenes y asegurar su lealtad al Estado. Como vimos en el caso de la URSS y en *1984*, el adoctrinamiento educativo jugó un papel crucial en la creación de una generación de jóvenes que denunciaban a sus propios padres por actos considerados contrarrevolucionarios o subversivos.

En la Unión Soviética, el sistema educativo estaba diseñado para inculcar los ideales comunistas desde una edad temprana. Las escuelas eran el primer lugar donde los niños aprendían sobre la importancia del Partido Comunista y su papel en la construcción de una sociedad igualitaria. La historia se enseñaba desde una perspectiva *marxista-leninista*, y los estudiantes eran alentados a participar en actividades que reforzaban su lealtad al Estado, como las reuniones de los *Pioneros* y el *Komsomol*.

Por el contrario, en sociedades democráticas, la educación puede ser una herramienta para fomentar el pensamiento crítico y la autonomía de los jóvenes. En estos sistemas, se espera que la educación permita a los estudiantes cuestionar las estructuras de poder y desarrollar una visión más amplia del mundo. Sin embargo, incluso en estos contextos, el sistema educativo no es neutral, y los valores que se transmiten a través de la educación pueden entrar en conflicto con las creencias tradicionales de las familias, generando un choque ideológico entre generaciones.

El adoctrinamiento en regímenes totalitarios es claro y explícito. Los jóvenes son educados desde una edad temprana para ser leales al régimen, y cualquier crítica al sistema es rápidamente suprimida. En la Alemania nazi, por ejemplo, las *Juventudes Hitlerianas*[104] inculcaban a los jóvenes el odio hacia los enemigos del *Tercer Reich* y la adoración hacia *Hitler*. De manera similar, en Corea del Norte, el sistema educativo está completamente centrado en la adoración de la *Dinastía Kim*[105], y los niños son instruidos para espiar a sus propios padres y denunciarlos si detectan señales de deslealtad hacia el régimen.

En las sociedades democráticas, aún cuando la educación

es menos explícitamente ideológica, se observan algunas tensiones. En muchos casos, las escuelas promueven valores que pueden entrar en conflicto con las creencias familiares, especialmente en áreas como la religión, la ideología de género, o la política. Por ejemplo, las discusiones sobre la educación sexual, el aborto o los supraderechos *LGBTQ+*, han sido puntos de conflicto en muchas familias, donde los padres pueden ver estos temas como una amenaza a los valores tradicionales que quieren transmitir a sus hijos.

La forma en que se estructura el sistema educativo y los valores que promueve, pueden determinar si el conflicto ideológico entre generaciones se intensifica o se mitiga. En sociedades donde la educación promueve el pensamiento crítico y el diálogo, *es más probable que las diferencias entre generaciones se resuelvan a través de la comunicación y el respeto mutuo.* Sin embargo, en sociedades donde la educación está alineada con una ideología dominante, el conflicto entre padres e hijos puede verse exacerbado, ya que las creencias de los jóvenes se alinean con las del Estado o las élites gobernantes, en lugar de con las de sus familias.

CAUSAS.

El conflicto entre padres e hijos, impulsado por diferencias ideológicas y la aceptación de nuevas costumbres, tiene sus raíces en una serie de factores sociales, políticos y económicos, que moldean el comportamiento humano y las relaciones familiares. Este tipo de conflicto no se limita a contextos extremos como en la URSS, la Alemania nazi o en la novela de *Orwell*, sino que es un fenómeno que se ha repetido en diferentes épocas y lugares, aunque con diferentes matices y consecuencias.

Uno de los factores más relevantes en la aparición de conflictos ideológicos entre generaciones, es la rápida transformación de las sociedades modernas. En el pasado, las costumbres y valores se transmitían de generación en generación con relativa estabilidad. Sin embargo, con la industrialización y el avance de la tecnología, las sociedades comenzaron a cambiar a un ritmo mucho más rápido, lo que provocó un desajuste entre las creencias y prácticas de las distintas generaciones.

En las sociedades preindustriales, los roles sociales y las expectativas familiares estaban bien definidos, y los hijos solían heredar no sólo el oficio de sus padres, sino también su visión del mundo y sus valores. Sin embargo, en las sociedades modernas y posmodernas, los jóvenes han experimentado una mayor exposición a nuevas ideas y formas de vida a través de la educación, los medios de comunicación y, más recientemente, las redes sociales. Esto ha creado un choque de valores entre generaciones, ya que los padres suelen aferrarse a las costumbres tradicionales, mientras que los hijos adoptan ideologías y prácticas que consideran más acordes con los tiempos actuales.

El entorno político también juega un papel crucial en la generación de conflictos ideológicos entre padres e hijos. En épocas de inestabilidad o cambios drásticos, como las revoluciones, los movimientos sociales o los cambios de régimen, los ciudadanos se ven obligados a tomar posiciones políticas claras. Esto puede llevar a una polarización en la que diferentes generaciones adoptan posturas opuestas.

Es importante destacar, que el conflicto ideológico no se da solo en contextos totalitarios. En democracias modernas, la creciente polarización política también ha exacerbado los conflictos generacionales. El auge de movimientos políticos de extrema izquierda o derecha, junto con la radicalización de posturas políticas en las redes sociales, ha hecho que los jóvenes y sus padres a menudo se encuentren en bandos opuestos del espectro político, lo que puede llevar a tensiones y rupturas dentro de la familia.

Otro factor importante que contribuye al conflicto entre generaciones, es la desigualdad económica y el cambio en las estructuras laborales. En el pasado, los hijos solían seguir los pasos de sus padres en términos de empleo y movilidad social. Sin embargo, en las economías modernas, el mercado laboral ha experimentado cambios significativos, los cuales han generado una mayor frustración entre las generaciones más jóvenes, pues enfrentan mayores desafíos para alcanzar el mismo nivel de estabilidad económica que sus padres.

El aumento del costo de vida, la precarización del empleo y la falta de oportunidades de movilidad social, han hecho que muchos jóvenes perciban a sus padres como parte de una generación privilegiada, que no tuvo que enfrentar los mismos problemas. Este resentimiento económico puede derivar en un conflicto ideológico, especialmente cuando los padres no reconocen o minimizan las dificultades que enfrentan las generaciones más jóvenes. Esta brecha generacional también ha llevado a un cambio en las prioridades de vida, pues los jóvenes han adoptado ideologías más progresistas, desafiando las nociones tradicionales de éxito y estabilidad.

La irrupción de los medios de comunicación, y en particular de las redes sociales, ha exacerbado el conflicto entre generaciones al proporcionar a los jóvenes una plataforma para expresar y compartir nuevas ideas de manera instantánea y global. Las redes sociales han permitido que las ideas y movimientos ideológicos se propaguen con rapidez, generando un acceso sin precedentes a información y narrativas alternativas que desafían las estructuras de poder tradicionales, incluidas las familiares.

Las generaciones más jóvenes, al estar más conectadas y ser más receptivas a estas nuevas formas de comunicación, tienden a cuestionar las creencias y costumbres de sus padres con mayor frecuencia. Además, las redes sociales han fomentado la creación de burbujas ideológicas, donde las personas interactúan principalmente con quienes comparten sus puntos de vista, lo que refuerza las divisiones generacionales y dificulta el diálogo entre diferentes posturas.

CONSECUENCIAS.

El conflicto ideológico entre padres e hijos puede tener profundas consecuencias psicológicas y emocionales para ambas partes. Para los padres, la sensación de ser cuestionados o incluso rechazados por sus propios hijos, puede generar una gran cantidad de angustia y frustración. Los padres suelen verse a sí mismos como los responsables de transmitir los valores y costumbres, que consideran esenciales para la supervivencia y el bienestar de sus hijos. Cuando estos valores son rechazados, los padres pueden sentirse inútiles o fracasados en su rol de guías morales.

Por otro lado, los hijos que experimentan un choque ideológico con sus padres, pueden sentirse incomprendidos o reprimidos. En muchos casos, el conflicto ideológico genera una ruptura emocional, que puede derivar en distanciamientos, resentimientos e, incluso, la completa desconexión entre padres e hijos.

A nivel social, el conflicto ideológico entre generaciones contribuye a la fragmentación y polarización de las sociedades. Las familias, que tradicionalmente han sido vistas como la unidad fundamental de cohesión social, se ven afectadas por estas divisiones, lo que puede tener un efecto en cadena en toda la estructura social. A medida de que las familias se fragmentan por diferencias ideológicas, las sociedades en su conjunto se vuelven más polarizadas y menos capaces de encontrar puntos de acuerdo.

Además, la fragmentación generacional en las familias, puede tener un impacto directo en la estabilidad política de un país. Sociedades profundamente polarizadas son más susceptibles a crisis políticas y sociales, ya que la falta de diálogo y entendimiento entre generaciones, crea un clima de desconfianza y antagonismo que puede ser explotado por actores políticos que buscan dividir y gobernar. Esto es particularmente evidente en los regímenes totalitarios, donde la polarización entre generaciones es instrumentalizada por el Estado para mantener el control.

ACTUALIDAD.

En la actualidad, el conflicto ideológico entre generaciones continúa manifestándose en diferentes contextos. Por ejemplo, en países como Estados Unidos, las tensiones entre generaciones se han intensificado en torno a cuestiones políticas y sociales como el aborto, el feminismo, los supraderechos *LGBTQ+*, y las políticas económicas. Mientras que muchos jóvenes abogan por políticas progresistas que aborden estas cuestiones, sus padres a menudo defienden posturas más conservadoras, lo que genera un choque entre los valores tradicionales y las nuevas visiones del mundo.

En América Latina, el conflicto generacional también se manifiesta en el terreno político, con jóvenes que apoyan movimientos de izquierda o de renovación política, mientras que sus padres a menudo se aferran a liderazgos más tradicionales. En Europa, cuestiones como la crisis migratoria y el ascenso del populismo también han dividido a las familias, con generaciones jóvenes más abiertas a la diversidad y los cambios, y generaciones mayores que se resisten a abandonar sus costumbres.

PASADO VS PRESENTE.

El conflicto entre generaciones, aunque ha existido a lo largo de la historia, ha adoptado formas distintas. Mientras que en contextos como en el de la URSS, la Alemania nazi y en el mundo de *1984*, el adoctrinamiento y la lealtad al Estado eran los principales motivos de conflicto entre padres e hijos, las formas modernas de choque generacional están más relacionadas con la tecnología, el acceso a la información y las nuevas formas de expresión y organización social.

En regímenes como la URSS de *Stalin* o la Alemania nazi, el conflicto generacional estaba impulsado principalmente por la diferencia entre los valores tradicionales transmitidos por los padres y los nuevos valores ideológicos promovidos por el Estado. Estos sistemas totalitarios se basaban en la creación de un nuevo tipo de ciudadano, completamente fiel al régimen, lo que implicaba una ruptura con las estructuras familiares tradicionales.

En la URSS, el adoctrinamiento de los jóvenes y la constante vigilancia estatal, generaban una tensión permanente en las relaciones familiares. Los hijos se convertían en agentes del Estado, y su lealtad al Partido Comunista muchas veces superaba la lealtad a sus padres. Este tipo de conflicto se veía exacerbado por la posibilidad de que los hijos denunciaran a sus padres por *"crímenes"* contrarrevolucionarios, lo que, como se señaló anteriormente, era un mecanismo de control social esencial para el régimen estalinista.

De manera similar, en la Alemania nazi, las Juventudes Hitlerianas fueron una herramienta clave en la creación de un nuevo orden social, en el que los jóvenes estaban totalmente subordinados a la ideología nazi. El Estado nazi inculcaba una visión del mundo, que en muchos casos, contradecía los valores familiares más tradicionales, generando una dislocación en las relaciones entre generaciones.

En las sociedades contemporáneas democráticas, se observan nuevos tipos de conflictos ideológicos que también generan tensiones entre padres e hijos. Actualmente, las diferencias suelen estar más relacionadas con los cambios en los valores culturales, las tecnologías y la exposición a narrativas múltiples a través de los medios de comunicación y las redes sociales.

Uno de los cambios que viene ocasionando más conflictos, es la adopción de nuevas tecnologías y la transformación de la manera en que los jóvenes interactúan con el mundo. Las redes sociales, en particular, han jugado un papel fundamental en la creación de comunidades y movimientos ideológicos que trascienden fronteras geográficas y sociales. Esto ha permitido que las generaciones más jóvenes tengan un acceso sin precedentes a información, lo que a menudo los lleva a adoptar posturas políticas y culturales que difieren de las de sus padres.

Por ejemplo, las luchas a favor del aborto, los supraderechos *LGBTQ+* y la ideología de género, han sido defendidos, en gran medida, por generaciones más jóvenes que utilizan plataformas digitales para organizarse y expresar sus demandas. En muchos casos, los jóvenes ven a las generaciones anteriores, como responsables de los problemas que enfrentan, lo que agrava el conflicto intergeneracional.

En la era digital, el concepto de *"traición"* dentro de las familias ha adoptado formas diferentes. Aunque ya no estamos en un contexto evidente de denuncias a un Estado totalitario, como ocurrió en la URSS, en la Alemania nazi o en *1984*, las redes sociales han creado una nueva dinámica en la que los jóvenes pueden cuestionar públicamente los valores de sus familias, a menudo exponiendo sus diferencias ideológicas o generacionales en plataformas públicas.

Un ejemplo de esta nueva forma de traición, se da cuando los jóvenes utilizan las redes sociales para criticar abiertamente las opiniones políticas o sociales de sus padres, lo que puede generar conflictos internos en el hogar. Esta dinámica se ha hecho más evidente en contextos políticos polarizados, donde los hijos pueden publicar comentarios o contenidos que van en contra de la ideología de sus padres, lo que lleva a una *"exposición"* pública de las diferencias ideológicas familiares.

Además, el auge de las redes sociales ha facilitado que

los jóvenes se desconecten de las formas tradicionales de transmisión de información familiar, como las historias orales o las experiencias vividas. Ahora son más propensos a obtener información de fuentes externas, a menudo alineadas con sus propias creencias políticas o sociales. Este fenómeno puede intensificar el conflicto generacional, ya que los padres sienten que han perdido su rol de transmisores de valores y conocimientos.

Aunque el contexto ha cambiado, existen algunas similitudes entre los regímenes totalitarios del siglo XX y las sociedades democráticas contemporáneas en la transmisión de las ideologías a las nuevas generaciones. En ambos casos, existe una lucha por el control de las mentes de los jóvenes, aunque en la actualidad, este control no se ejerce exclusivamente desde el Estado, sino a través de una multiplicidad de actores, incluidos los medios de comunicación, las empresas tecnológicas, los movimientos sociales y los influencers.

En el pasado, el adoctrinamiento era explícito, con un régimen totalitario que imponía una única narrativa. Hoy en día, los jóvenes se enfrentan a un bombardeo constante de información y desinformación, lo que puede llevar a una fragmentación de las ideologías y a una mayor polarización. A diferencia de los regímenes del pasado, las ideologías en la actualidad no son unificadas, sino que están más atomizadas, lo que crea múltiples frentes de conflicto entre generaciones.

A pesar de estas diferencias, tanto en el pasado como en el presente, el conflicto generacional está profundamente influido por las instituciones sociales y los mecanismos de control o persuasión que buscan modelar la conducta y los valores de los jóvenes. Si bien en el siglo XX eran los Estados totalitarios los que imponían estos valores, en la actualidad, las plataformas digitales y los movimientos sociales desempeñan un papel similar, aunque con menos estructura y control centralizado.

Aunque los contextos han cambiado drásticamente entre el pasado y el presente, el conflicto entre generaciones sigue siendo una constante, aunque ahora adopta nuevas formas. Los regímenes totalitarios del siglo XX utilizaron el adoctrinamiento ideológico y la vigilancia estatal para generar conflicto entre padres e hijos, mientras que en las sociedades contemporáneas democráticas, la tecnología y la pluralidad de ideas están creando nuevas divisiones generacionales.

La capacidad de las generaciones más jóvenes, para adoptar y difundir nuevas ideologías de manera rápida y sin censura estatal, ha intensificado el conflicto intergeneracional en ciertos aspectos. Sin embargo, en la actualidad, existe también una mayor posibilidad de diálogo y resolución de estos conflictos, aunque esto depende en gran medida de la capacidad de las familias para adaptarse a los cambios sociales y culturales.

CONCLUSIÓN.

El conflicto entre padres e hijos derivado de diferencias ideológicas y la aceptación de nuevas costumbres ha sido una constante a lo largo de la historia, pero ha adquirido formas especialmente agudas en los regímenes totalitarios y en las sociedades modernas.

Es innegable que el Estado puede penetrar en la vida privada de las familias, utilizando a los hijos como instrumentos de control social. Estas situaciones generan no solo una ruptura de los lazos familiares, sino también un colapso de la confianza y la afectividad entre generaciones. El conflicto generacional, impulsado por diferencias ideológicas, se convierte en una herramienta de opresión en estos contextos, demostrando el poder del Estado para reconfigurar las relaciones familiares más íntimas.

En las sociedades contemporáneas democráticas, el conflicto generacional sigue existiendo, pero bajo nuevas formas. Las redes sociales, el acceso ilimitado a la información y los cambios culturales rápidos han generado nuevas tensiones entre padres e hijos, a menudo relacionados con posturas políticas, sociales y económicas divergentes.

A través de la historia, el conflicto generacional ha sido impulsado por la necesidad de las nuevas generaciones, de encontrar su propio camino en un mundo que cambia rápidamente. Mientras que en el pasado este conflicto se centraba en la lealtad al Estado o a una ideología impuesta, en el presente está más relacionado con la lucha por la representación e identidad, en un contexto de pluralidad ideológica. Sin embargo, tanto en el pasado como en el presente, este conflicto sigue generando profundas divisiones dentro de las familias, que a menudo son difíciles de reconciliar.

El conflicto generacional es, en última instancia, una parte inevitable de la evolución de las sociedades, pero su intensidad y las formas que adopta dependen en gran medida del contexto político, social, económico y tecnológico en el que se desarrolla.

Mientras las sociedades continúen transformándose rápidamente, es probable que las tensiones entre generaciones persistan, aunque la forma en que estas tensiones se resuelvan dependerá de la capacidad de las familias y de la sociedad en general para fomentar el diálogo y la comprensión mutua.

LAS FOBIAS POSMODERNAS

En las últimas décadas, el panorama de la sexualidad ha experimentado cambios significativos impulsados por las corrientes de pensamiento posmoderno. Este marco ideológico ha promovido una mayor diversidad y *fluidez* en la expresión sexual, reconociendo un espectro más amplio de identidades, orientaciones y prácticas sexuales. Sin embargo, esta ampliación en la comprensión y *"aceptación"* de la diversidad sexual, ha traído consigo una serie de estrategias que buscan justificar dicho cambios y castigar a los disidentes.

Una de esas estrategias, consiste en introducir una serie de términos que buscan estigmatizar las actitudes contrarias a las identidades dispersas, orientaciones y prácticas sexuales. Conceptos como homofobia, transfobia y bifobia se han convertido en parte del lenguaje común, y son utilizados, de acuerdo a la visión posmoderna, para describir reacciones *"hostiles"* hacia personas que se identifican como *LGBTQ+*. Sin embargo, las fobias creadas, no tienen un sustento clínico, científico o académico y son empleadas simplemente para *patologizar*[106] a los que piensan distinto.

ELEMENTOS CLAVE.

El término *"fobia"* proviene del griego *"phobos"*, que significa miedo o terror. En el contexto de la psicología clínica, una fobia se refiere a un trastorno de ansiedad caracterizado por un miedo intenso e irracional a un objeto o situación específica. Las fobias se manifiestan a través de síntomas físicos y psicológicos que pueden incluir sudoración, palpitaciones, mareos, y ataques de pánico; y tienen un impacto significativo en la vida diaria de la persona afectada. Las fobias se dividen generalmente en tres categorías principales: fobias específicas (como el miedo a las alturas o a los insectos), fobia social (miedo a situaciones sociales) y agorafobia (miedo a estar en lugares donde escapar puede ser difícil).

Los criterios diagnósticos para las fobias, tal como se establecen en el *DSM-5*[107], incluyen una respuesta de miedo o ansiedad desproporcionada, en relación con el peligro real que presenta el objeto o la situación. Además, la persona debe experimentar esta respuesta durante un período de al menos seis meses, y el miedo o la ansiedad deben interferir significativamente con su vida diaria, sus relaciones sociales o su desempeño laboral.

Estos criterios reflejan la naturaleza clínica de las fobias y se basan en datos empíricos obtenidos a través de estudios de investigación. Las fobias reconocidas están vinculadas a mecanismos neurobiológicos específicos y a respuestas automáticas del sistema nervioso. En cambio, términos como homofobia, transfobia y bifobia, no se ajustan a estos criterios clínicos, lo que pone en evidencia una falta de base científica y un inminente uso ideológico.

La homofobia, transfobia, bifobia y demás fobias posmodernas, no están reconocidas como trastornos mentales en manuales diagnósticos como el *DSM-5* o la *CIE-11*[108]. Estos manuales son herramientas estándar en la práctica psiquiátrica y se basan en una extensa revisión de literatura clínica, investigaciones empíricas y consenso entre expertos para definir y categorizar los trastornos mentales.

La ausencia de estas *"fobias"* en tales manuales, subraya la falta de consenso en la comunidad científica sobre su clasificación como patologías. No hay estudios que demuestren de manera concluyente, que estas actitudes sean causadas por disfunciones neurobiológicas o que respondan a tratamientos diseñados para trastornos de ansiedad.

Aunque algunos estudios han intentado explorar correlaciones entre actitudes homofóbicas o transfóbicas y ciertos rasgos de personalidad o condiciones psicológicas, estos estudios carecen de certeza metodológica. Muchos de estos estudios utilizan muestras no representativas o carecen de rigor en la definición y medición de variables clave.

EL CONTROL SOCIAL.

Una de las maneras más efectivas de mantener el control social es a través de la censura y la patologización de las ideas que amenazan las estructuras de poder establecidas. En este sentido, la homofobia, transfobia y bifobia no son trastornos mentales, sino mecanismos sistémicos que se utilizan para censurar y marginar a quienes piensan diferente.

Patologizar las actitudes disidentes, hacia las prácticas y expresiones dispersas de la sexualidad, tiene consecuencias éticas y políticas significativas. Por un lado, trivializa el sufrimiento real de las personas que luchan contra trastornos de ansiedad genuinos al equiparar sus experiencias con actitudes sociales de rechazo. Por otro lado, lleva a un enfoque punitivo hacia quienes sostienen actitudes *"fóbicas"*, sugiriendo que estas personas deben ser *"tratadas"* o *"curadas"* de sus creencias, en lugar de ser desafiadas en el ámbito del debate público.

La etiqueta de *"fobia"* en este contexto, parece más bien una construcción social y un término utilizado en el discurso político y activista para señalar actitudes de supuesta intolerancia o discriminación. Más allá del ámbito social y cultural, la homofobia, transfobia y bifobia también se utilizan como herramientas políticas para reprimir el activismo, dividir movimientos de resistencia y consolidar el poder.

En la política, el uso de términos como *"homofobia"* y *"transfobia"* tiene un impacto significativo en el debate público y la libertad de expresión. Al etiquetar automáticamente ciertas posturas o creencias como *"fóbicas"*, se puede cerrar el espacio para el diálogo y la discusión abierta. Esto es particularmente problemático en contextos democráticos, donde la pluralidad de opiniones y la libertad de expresión son valores fundamentales.

El etiquetado de opiniones tradicionales o conservadoras como *"fóbicas"*, es percibido hoy en día, como un intento de censurar o deslegitimar estas voces, en lugar de entablar un diálogo con ellas, a fin de convencerles mediante argumentos racionales y persuasivos. Esto también puede llevar a una polarización social y política, donde las personas se sienten atacadas o estigmatizadas por sus creencias, lo que a su vez puede reforzar actitudes de resistencia o rechazo hacia la diversidad.

El uso de terminología psiquiátrica para describir ideas disidentes, es engañoso y contraproducente, llevando incluso a la patologización de diferencias de opinión, en aspectos alejados a la diversidad sexual y al cierre del debate público. Hoy en día, se hacen presentes otros términos asociados, como lo son la islamofobia, xenofobia, gordofobia; dichos términos merecen un análisis posterior.

Es importante reiterar, que etiquetar cualquier disidencia como una *"fobia"* no solo es una simplificación excesiva, sino que también es una forma de evitar un debate real y sustantivo sobre las diferencias ideológicas. La promoción de una cultura de debate razonado, es fundamental para contrarrestar la patologización de ideas disidentes. Esto implica fomentar una atmósfera, donde las personas puedan expresar sus opiniones sin temor a ser etiquetadas o ridiculizadas. Es fundamental abogar por espacios de discusión, donde las ideas puedan ser discutidas y evaluadas por sus méritos, en lugar de ser desechadas por prejuicios preconcebidos.

ESTRATEGIAS.

Algunas estrategias que sugiero para combatir a las fobias

posmodernas son:

EDUCACIÓN. La educación, es una herramienta fundamental para combatir las mentiras que sustentan las fobias. Los disidentes deben conocer que la ciencia no respalda dichas fobias y que son creadas para acorralarlos.

REDES DE APOYO. Es importante saber, que en esta batalla cultural no estás solo. Hay un sinnúmero de personas que han marcado una postura disidente al pensamiento único. El lograr la vinculación entre la disidencia, es una pieza clave en esta lucha.

USO DE REDES SOCIALES. Los medios tradicionales no difunden las ideas disidentes a la visión posmoderna. Ante esto, las redes sociales juegan un papel importante en la difusión de la verdad y los hechos comprobados. En general, los argumentos posmodernos se basan en sentimientos, dichos y percepciones que son debatibles desde la razón y la base científica.

REPRESENTACIÓN CULTURAL. La representación en el arte, cine, literatura y medios de comunicación alternativos, es fundamental para cambiar percepciones culturales y normalizar el uso de la razón y argumentos basados en la ciencia y hechos establecidos.

REVISIÓN CRÍTICA DE MATERIAL EDUCATIVO. Es fundamental que se revisen y filtren, los libros de texto y material educativo, que son empleados en la educación de las mentes jóvenes. La degradación racional y cultural, continuará si las nuevas generaciones aceptan los sofismas que la posmodernidad difunde.

PARTICIPACIÓN POLÍTICA. Es en el mundo de la política, donde se han desarrollado e implementado las leyes más nocivas en contra de las libertades fundamentales, penalizando la disidencia. Es fundamental que los disidentes a la visión posmoderna, tengan un papel activo en la política y se logre un cambio estructural. Esto requiere un trabajo coordinado y un gran esfuerzo, pero es posible.

CONCLUSIÓN.

En un mundo en el que la oscuridad se dispersa, la Verdad brilla con más fuerza. No desfallezcas y mantente firme en la defensa de los ideales.

"Bienaventurados los que son perseguidos por causa de la justicia, porque de ellos es el reino de los cielos".

LO QUE SE AVECINA

En los capítulos previos, hemos detallado la evolución de los movimientos posmodernos, que al aplicar distintas estrategias y teorías políticas, han logrado el avance de una agenda que ha impulsado la decadencia racional, cultural y social. Temas controversiales, que eran ampliamente rechazados por la sociedad, hoy forman parte de acciones legislativas que impulsan, principalmente, partidarios de la izquierda política.

El aborto, la unión legal entre personas del mismo sexo, el reconocimiento de identidades sexuales dispersas, la hormonización de niños, la adopción de menores por miembros de la comunidad *LGBTQ+;* son algunos de los temas que encontraban un amplio rechazo social; sin embargo, al haberse *"normalizado"* las conductas decadentes, hoy la sociedad las consciente, aun sabiendo que no son idóneas.

No es casualidad que los temas controversiales antes citados, estén enfocados a trastocar a los menores de edad. Lo más preocupante de esto, es que no hemos visto el culmen de la *"normalización"* de conductas decadentes. En los siguientes años, veremos como una serie de temas aún más complejos y deleznables se impulsarán. Uno de esos temas es la pedofilia. En este apartado, emplearemos la Ventana de Overton, para evidenciar como la pedofilia ha ganado terreno y los cambios sociales que se han generado en torno a ello.

ETAPA I. INACEPTABILIDAD.[109]

CONTEXTO. La pedofilia se define como una atracción sexual persistente hacia niños prepubescentes y es reconocida por la comunidad médica como un trastorno psicosexual. Desde una perspectiva legal y social, la pedofilia no es solo una cuestión de preferencias personales, sino una violación de los derechos humanos fundamentales. El abuso sexual infantil es una forma de violencia que inflige un daño físico y psicológico significativo a las víctimas, que a menudo dura toda la vida.

En la historia contemporánea, han existido movimientos marginales que intentan abogar por la legalización de la pedofilia o por una reducción en la edad de consentimiento sexual. Estos movimientos, aunque pequeños y ampliamente condenados, han buscado cambiar el discurso legal y social en torno a la pedofilia. A pesar de que estos grupos han tenido escaso impacto en las políticas públicas, sus esfuerzos han sido objeto de atención debido a la gravedad del problema y las implicaciones éticas involucradas.

VENTANA DE OVERTON. En este punto, los propedófilos se hacen notar en el entorno social y comienzan a implementar estrategias de *transición cultural*; algunas de ellas son:

CAMBIO EN EL LENGUAJE: redefinir términos para reducir la carga emocional negativa. Por ejemplo, reemplazar *"pedofilia"* por términos como *"atracción hacia menores"* podría desensibilizar el término.

CASOS MARGINALES Y ARGUMENTOS DE "PIEDAD": presentar situaciones, en las que los individuos que se identifican como pedófilos, no hayan cometido delitos y sean vistos como ciudadanos ejemplares, destacando su sufrimiento personal al no ser aceptados por la sociedad en general; esto podría fomentar una visión más compasiva.

USO DE PLATAFORMAS ACADÉMICAS: publicar *"estudios"* que sugieran que la pedofilia es una *orientación sexual* como cualquier otra, y no necesariamente un acto delictivo o transgresor de derechos humanos; esto puede abrir la puerta para que el público comience a discutirlo como un *"tema controvertido"* más que como un tabú absoluto.

ETAPA II. RADICALIDAD.[110]

CONTEXTO. El movimiento activista pedófilo, es referido por algunos partidarios como el *"movimiento del amor hacia los niños"*; dicho movimiento abarca una variedad amplia de opiniones que abogan por la despenalización, aceptación y el respeto hacia las personas pedófilas, que no hayan delinquido anteriormente. Actualmente, en la mayoría de países del mundo, se persigue la práctica pedófila por ser una parafilia. Las metas del activismo a favor de la pedofilia incluyen:

*La derogación de las leyes de edad de consentimiento, a efectos de eliminar de la legislación, el uso de la edad como un criterio válido para identificar el abuso sexual infantil; o como una medida provisoria, la disminución progresiva de esa edad de consentimiento.

*La eliminación de la pedofilia como una parafilia por parte de la Organización Mundial de la Salud, *la American Psychiatric Association*[111] y otras instituciones de reconocimiento internacional.

Los activistas propedófilos también promueven el uso de eufemismos para su movimiento, tales como *pedosexual, boylove(r), girllove(r), y childlove(r),* con el fin de *"suavizar"* el término pedófilo.

VENTANA DE OVERTON. En este punto, los promotores de la pedofilia necesitan ganar terrerno social y mediático, por lo que recuerren a tácticas de persuasión social. Algunas de ellas son:

**PUBLICACIONES EN MEDIOS MARGINALES:* aparecen artículos de opinión o blogs, que exponen a la pedofilia, desde una perspectiva *"no criminal"*, argumentando que no todas las personas con estos deseos actúan en consecuencia.

SIMPOSIOS Y CONFERENCIAS ACADÉMICAS: algunos sectores académicos podrían comenzar a incluir en algún estudio de la pedofilia, términos como *"atracción no deseada"* o intentarla promover como un *"trastorno"* que merece compasión y tratamiento, no condena.

NARRATIVAS MEDIÁTICAS: aparición de documentales o películas, que retratan a personas pedófilas como individuos complejos que luchan contra sus impulsos, en lugar de verlos como criminales. Esto puede comenzar a mover la percepción pública hacia una postura más comprensiva o neutral.

ACTIVISMO INICIAL: surgen grupos activistas, que pueden o no identificarse públicamente como pedófilos, que abogan por *"derechos humanos"* y *"dignidad"* para personas que sienten atracción por menores, argumentando que la orientación no implica acción.

ETAPA III. ACEPTABILIDAD.[112]

CONTEXTO. Surgen movimientos sociales y organizaciones como la *North American Man/Boy Love Association* (NAMBLA) en Estados Unidos y la *Paedophile Information Exchange* (PIE) en el Reino Unido.

Fundada en 1978, la *North American Man/Boy Love Association* (NAMBLA), es quizás la organización más conocida por su postura a favor de la legalización de la pedofilia. NAMBLA aboga por la eliminación de las leyes de edad de consentimiento y promueve la idea de que las relaciones sexuales entre adultos y menores pueden ser consensuales y no necesariamente dañinas.

La *Paedophile Information Exchange* (PIE) es una organización fundada en el Reino Unido en 1974, que aboga por la aceptación social y la legalización de las relaciones sexuales entre adultos y niños. PIE sostiene que los menores deben tener la capacidad de consentir en relaciones sexuales y que las leyes existentes son una forma de represión.

En 2006, se funda en los Países Bajos el Partido Político *"de la Caridad, la Libertad y la Diversidad"*, de carácter propedófilo.

VENTANA DE OVERTON. Sorpresivamente, los argumentos e ideas antes expuestos, ya tienen un grado de aceptación. Es en este momento, que los promotores de la pedofilia buscan *"sensibilizar"* a la sociedad y lograr empatía para su causa, empleando estrategias como las siguientes:

**DESENSIBILIZACIÓN DEL PÚBLICO*: a través de una exposición gradual y repetida, se puede reducir la reacción emocional negativa. Programas de televisión, películas y libros que traten el tema de manera más "neutral" pueden contribuir a este proceso.

**PRESENTACIÓN DE DATOS "CIENTÍFICOS":* publicación de estudios que sugieren que la pedofilia es una condición innata y que algunos pedófilos pueden vivir sin dañar a nadie, similar a cómo se presentan los estudios sobre otras orientaciones sexuales.

**INCREMENTO EN LA REPRESENTACIÓN MEDIÁTICA:* progresivamente, los medios comienzan a mostrar personajes pedófilos con características positivas, o al menos complejas, que no son exclusivamente negativas.

**NARRATIVAS DE VÍCTIMAS "CONSCIENTES":* testimonios públicos de personas que declaran ser víctimas de abuso, pero que no sienten resentimiento o que argumentan que las experiencias fueron consensuadas en el contexto de la atracción hacia menores.

ETAPA IV. SENSATEZ.[113]

CONTEXTO. Los grupos propedófilos, han intentado justificar sus posiciones, utilizando argumentos sobre la libertad sexual, la autonomía progresiva, los derechos de los menores a la autodeterminación, el libre ejercicio de las preferencias sexuales, el principio de no discriminación y la crítica a lo que consideran *"moralismo sexual"* o *"represión sexual"*.

NAMBLA ha intentado influir en la opinión pública mediante la publicación de materiales *"educativos"* y la organización de reuniones y conferencias. A lo largo de los años, NAMBLA ha enfrentado múltiples problemas legales y ha sido objeto de investigaciones por parte de las autoridades estadounidenses. El FBI y otras agencias de aplicación de la ley, han monitoreado y tomado medidas enérgicas contra las actividades de la organización. A pesar de ello, las ideas que promueve este grupo han ganado terreno, gracias al marco jurídico vigente, especialmente el relacionado al libre desarrollo de la personalidad y a las políticas de no discriminación por preferencia sexual.

VENTANA DE OVERTON. Es momento de incidir en el campo político y lograr que se legisle a favor de la causa propedofila; para ello emplean las siguientes estrategias:

NORMALIZACIÓN CIENTÍFICA: establecer un consenso, dentro de ciertas comunidades académicas o científicas, de que la pedofilia es una condición innata e inmutable, y no un crimen, a menos que se actúe en consecuencia.

SEPARACIÓN DEL COMPORTAMIENTO Y LA IDENTIDAD: fomentar la idea de que la pedofilia, como orientación, no es sinónimo de abuso infantil y que muchos pedófilos no son delincuentes.

REVISIÓN DE POLÍTICAS PÚBLICAS: discusión sobre la eliminación de ciertos términos estigmatizantes de la legislación y reemplazarlos con terminología más *"neutral"* o *"científica"*.

CAMBIO DE ENFOQUE EN LOS MEDIOS: en lugar de centrarse en los abusos cometidos por pedófilos, se hace un esfuerzo por mostrar cómo los pedófilos luchan con su *"condición"* y buscan ayuda para no actuar en consecuencia.

EVIDENCIA ANECDÓTICA Y CASOS DE ESTUDIO: se presentan estudios de casos de pedófilos que afirman llevar una vida normal sin actuar en contra de sus impulsos, promoviendo la idea de que la pedofilia puede manejarse como cualquier otra condición psicológica.

ETAPA V. DEBATE.[114]

CONTEXTO. Los grupos que abogan por la legalización de la pedofilia, utilizan una serie de argumentos y justificaciones para apoyar sus posiciones. Algunos de sus argumentos son los siguientes:

CONSENTIMIENTO Y AUTODETERMINACIÓN: alegan que los niños deben tener el derecho a tomar decisiones sobre sus propios cuerpos, incluidos los actos sexuales. Sin embargo, este argumento ignora la falta de madurez y la capacidad de toma de decisiones informadas de los menores.

CRÍTICA A LAS NORMAS SOCIALES Y MORALES: algunos grupos sostienen que las leyes contra la pedofilia son una forma de represión sexual impuesta por normas sociales y religiosas conservadoras.

COMPARACIONES CON OTROS MOVIMIENTOS DE DERECHOS SEXUALES: equiparan sus esfuerzos, con los efectuados por los movimientos LGBTQ+, argumentando que la pedofilia es una orientación sexual que debería ser normalizada y aceptada.

Inesperadamente, estos argumentos ya se encuentran en el debate nacional e internacional. El 21 de septiembre de 2022, Irene Montero, la exministro de Igualdad en España, emite un discurso breve ante la Comisión de Igualdad del Congreso de los Diputados, en el que sostiene lo siguiente:

"Todos los niños, las niñas, les niñes de este país tienen derecho a conocer su propio cuerpo, a saber que ningún adulto puede tocar su cuerpo si ellos no quieren, y que eso es una forma de

violencia. Tienen derecho a conocer que pueden amar o tener relaciones sexuales con quien les dé la gana, basadas, eso sí, en el consentimiento. Y esos son derechos que tienen reconocidos, y que a ustedes no les gustan".

Este hecho no es un caso aislado, en México, Olga Sánchez Cordero, ex ministro de la Suprema Corte de Justicia de la Nación y Secretaria de Gobernación, en el periódo de Andrés Manuel López Obrador, impulsa una reforma sobre educación sexual integral y progresiva para menores de edad. En declaraciones[115] ante el pleno del Senado de la República, señala lo siguiente:

"La autonomía progresiva ya existe, pero llevarla a la sexualidad es lo que hace precisamente novedoso esta iniciativa. La propuesta busca que, particularmente las y los adolescentes, a partir de los 12 años cumplidos, pero también quienes ya comenzaron a entrar en una etapa de pubertad, que es aproximadamente a los 9 años de edad, conozcan sus derechos en materia sexual y reproductiva, en función de su grado y de su madurez. Requerimos que las niñas, niños, ejerzan su sexualidad a plenitud".

VENTANA DE OVERTON. Es momento de generar alianzas políticas y generar presión social. Las estrategias empleadas son:

**ACTIVISMO MÁS VISIBLE:* organizaciones de derechos humanos podrían ser abordadas o cooptadas para incluir los derechos de los pedófilos, como parte de su agenda más amplia de derechos humanos.

**ALIANZAS ESTRATÉGICAS:* crear alianzas con movimientos de derechos *LGBTQ+* o similares, sugiriendo que los derechos de los pedófilos son una extensión lógica de los derechos humanos en general.

**PRESIÓN LEGISLATIVA Y JUDICIAL:* comenzar a desafiar legalmente ciertas leyes bajo el argumento de derechos humanos o libertades individuales, usando casos legales estratégicos para sentar precedentes.

APOYO DE FIGURAS PÚBLICAS: algún académico, escritor o activista prominente, podría salir en apoyo del *"derecho a la dignidad"* de los pedófilos, abriendo un debate público más amplio.

CASOS LEGALES DE ALTO PERFIL: casos judiciales en los que se argumenta que las leyes actuales son *"discriminatorias"* hacia los pedófilos, basándose en la idea de que son tratados de manera injusta por algo que no pueden controlar.

ADAPTACIÓN DE LA POLÍTICA DE BIENESTAR SOCIAL: cambio en las políticas de salud pública para tratar la pedofilia más como una orientación o condición, promoviendo programas de *"prevención"* en lugar de castigo.

ETAPA VI. PROMOCIÓN POLÍTICA.[116]

CONTEXTO. En el sexenio de *Enrique Peña Nieto*, se promulga la *Ley General de los Derechos de las Niñas, Niños y Adolescentes*[117]. En su artículo 39 se establece:

> *"**Niñas, niños y adolescentes** tienen derecho a **no ser sujetos de discriminación** alguna **ni de limitación** o restricción **de sus derechos**, en razón de su origen étnico, nacional o social, idioma o lengua, edad, género, **preferencia sexual**, estado civil, religión, opinión, condición económica, circunstancias de nacimiento, discapacidad o estado de salud o cualquier otra condición atribuible a ellos mismos o a su madre, padre, tutor o persona que los tenga bajo guarda y custodia, o a otros miembros de su familia".*

El siete de agosto de 2024, a través del portal oficial de la Asamblea General de Naciones Unidas, se publicó el *Proyecto de Convención de Naciones Unidas Contra la Ciberdelincuencia*[118], en el que se contempla entre otros preceptos, el siguiente:

> *Artículo 14. Delitos relacionados con material en línea que*

muestra abusos sexuales de niños o explotación sexual de niños.

1..

2..

3..

*4. De conformidad con su derecho interno y en consecuencia con las obligaciones internacionales aplicables, los Estados parte podrán adoptar medidas para que **no se criminalice**:*

> *a) **La conducta de los niños** por material que generen ellos mismos y que los muestre; o*

> *b) La producción, transmisión o posesión **consentida** del material descrito en el párrafo 2 a) a c) del presente artículo, cuando la conducta subyacente mostrada sea legal conforme a lo determinado por el derecho interno y el **material se conserve exclusivamente para el uso privado y consentido de las personas implicadas**.*

El proyecto de las Naciones Unidas, en contra de la ciberdelincuencia, a simple vista parece que busca el bienestar de los menores; sin embargo, al estudiarlo a fondo, te puedes percatar de que promueven no solo las relaciones entre adultos y niños, también promueven que las grabaciones de material, que deriven de una relación sexual, no sea criminalizado, siempre y cuando exista consentimiento de las partes; es decir que el menor este de acuerdo en grabarse teniendo relaciones sexuales con un adulto.

Dentro de los "argumentos" que pretenden hacer valer los promotores de la pedofilia, sostienen que se deben eliminar los límites, para que los menores ejerzan su sexualidad, de acuerdo a su preferencia. El punto central es, que la atracción de un menor hacia un adulto y viceversa, es una preferencia sexual, que se debe respetar.

Sustentada en la *Ley General de los Derechos de las Niñas, Niños y Adolescentes*, en el 2016 se publica la *Segunda Edición de la Cartilla de Derechos Sexuales de Adolescentes y Jóvenes*[119], en la que se contempla entre otros, los siguientes derechos:

Derecho a ejercer y disfrutar plenamente mi vida sexual.

Derecho a decidir con quién o quiénes relacionarme afectiva, erótica y sexualmente.

Derecho a la vida, a la integridad física, psicológica y sexual.

Derecho a la identidad sexual.

VENTANA DE OVERTON. En este punto, la pedofilia ya es una práctica sexual aceptada por la sociedad, es momento de que exista un marco normativo que la regule y proteja a sus partidarios. Sus impulsores emplean las siguientes estrategias:

REDEFINICIÓN DE LA LEY: reformar las leyes, para que la pedofilia como identidad no sea criminalizada a menos que haya abuso, redefiniendo qué constituye abuso y bajo qué circunstancias.

INICIATIVAS DE CAMBIO LEGAL: iniciar proyectos de ley, que promuevan la eliminación de restricciones legales basadas en "discriminación" por "orientación".

PRESIÓN DE POLÍTICAS DE DERECHOS HUMANOS INTERNACIONALES: hacer uso de organismos internacionales de derechos humanos, para presionar a los gobiernos hacia la despenalización o al menos la reducción de la penalización.

PROYECTOS DE LEY: se presentan y discuten en foros públicos, proyectos de ley que proponen la despenalización de la pedofilia como orientación.

APROBACIÓN GRADUAL: comienza con la aceptación de ciertas políticas *"neutrales"*, como leyes que permiten a las personas buscar ayuda sin temor a repercusiones legales. Esto puede presentarse como una medida de salud pública, no como un cambio en la ley penal relacionada con el abuso infantil.

IMPLEMENTACIÓN DE POLÍTICAS INTERNACIONALES: buscar el establecimiento de políticas internacionales y el apoyo de organismos internacionales de derechos humanos, para sugerir que la criminalización de la pedofilia como orientación, es una violación de los derechos humanos. Este tipo de presiones puede ayudar a mover la legislación en algunos países.

CONCLUSIÓN.

El uso de la Ventana de Overton para normalizar y potencialmente legalizar la pedofilia, es un escenario *parcialmente* teórico, que expone cómo las ideas socialmente inaceptables pueden ser introducidas gradualmente en el discurso público hasta el punto de convertirse en aceptables. Señalo que es parcialmente teórico, debido a que los *"contextos"* expuestos, ponen en evidencia que la normalización, aceptación y promoción de la pedofilia, prácticamente esta en la etapa final de la Ventana de Overton; es decir, ya hay promoción política y un marco normativo, que regula indirectamente la práctica de la pedofilia. La imagen[120] asi lo ilustra.

Imagen 1.3

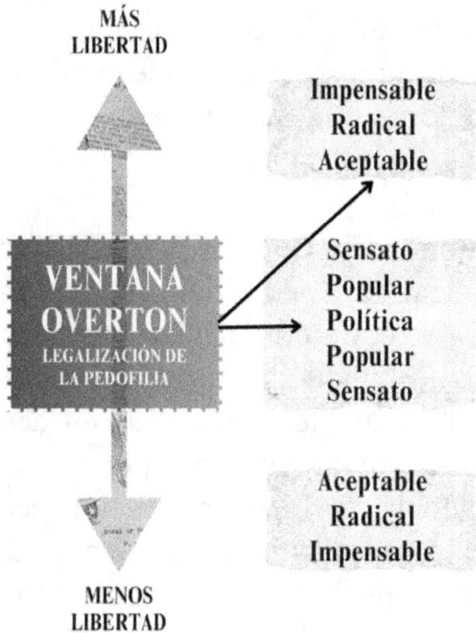

En este momento de la historia, es importante prestar atención a la difusión y aplicación de los términos *"trans edad"*, *"sugar daddy"* y *"sugar mommy"*; sin duda alguna, están vinculados a lo antes descrito.

¿Te sorprende lo que acabas de leer? Las estrategias detalladas, de acuerdo a la Ventana de Overton, han sido las mismas que se han empleado para normalizar, aceptar y promover temas como el aborto, la unión entre personas del mismo sexo, el reconocimiento de identidades sexuales dispersas, la hormonización de niños, la adopción de menores por miembros de la comunidad *LGBTQ+*, entre otros.

El mal seguirá avanzando, en tanto no estemos dispuestos a defender, incluso con la vida, la verdad.

LA RESISTENCIA

"Lo que cuenta no es la fuerza del cuerpo, sino la fuerza del espíritu".

J.R.R. Tolkien

A lo largo del siglo XX, Europa fue testigo doloroso de la expansión del comunismo y la instauración de regímenes totalitarios, que promovieron el pensamiento único como mecanismo de control. En ese escenario, surgieron movimientos sociales que se resistieron a estas imposiciones, luchando por la libertad religiosa, libertad de pensamiento, la democracia y los derechos humanos. Entre estos movimientos, destacan los que surgieron en Polonia, un país que, a pesar de la fuerte presión del régimen comunista, logró articular una resistencia que eventualmente condujo a su liberación.

El comunismo, basado en la ideología marxista-leninista, se consolidó como una fuerza política, militar e ideológica, dominante en varios países europeos tras la *Segunda Guerra Mundial*. La Unión Soviética, bajo el liderazgo de *Josef Stalin*, extendió su influencia sobre Europa del Este, instaurando regímenes comunistas que adoptaron un enfoque autoritario para consolidar el poder. Estos regímenes impusieron un sistema de pensamiento único, donde la disidencia y la oposición eran reprimidas o exterminadas.

La ideología comunista, con su promesa vacía de una sociedad sin clases, se convirtió en la doctrina oficial, y cualquier oposición fue categorizada como una amenaza a la estabilidad del estado. En países como Polonia, Hungría, Checoslovaquia y *Alemania Oriental*[121], el comunismo se implementó a través de partidos únicos, censura estricta, y la represión de movimientos religiosos, intelectuales y políticos que desafiaran el *status quo*.

La opresión y la falta de libertades llevaron al surgimiento de movimientos sociales que rechazaban el comunismo y el pensamiento único. Estos movimientos, aunque diversos en sus formas y motivaciones, compartían un objetivo común: *la recuperación de la libertad y la dignidad humana.*

En Hungría, el levantamiento de 1956 fue uno de los primeros y más significativos ejemplos de resistencia al comunismo. Estudiantes, trabajadores y soldados se unieron para protestar contra el régimen, demandando reformas democráticas y la retirada de las tropas soviéticas. Aunque el levantamiento fue brutalmente reprimido, inspiró a otros movimientos de resistencia en la región.

Además de los levantamientos armados, hubo una resistencia más sutil, pero igualmente significativa, en forma de *disidencia intelectual y religiosa.* En muchos países, los intelectuales y artistas se convirtieron en portavoces de la oposición al comunismo, utilizando la literatura, el teatro y otras formas de arte para criticar el régimen. El *samizdat*[122], o la publicación clandestina de textos prohibidos, fue una herramienta clave en esta resistencia.

La Iglesia Católica también jugó un papel crucial en la resistencia contra el comunismo, especialmente en Polonia, donde se convirtió en un baluarte de oposición al régimen. A pesar de los esfuerzos del gobierno comunista por desacreditar y controlar la Iglesia, ésta mantuvo su influencia entre la población, organizando *actividades clandestinas y apoyando a los movimientos disidentes.*

EL CASO DE POLONIA.

Polonia se destaca como un caso excepcional en la resistencia al comunismo, debido a la magnitud y la eficacia de sus movimientos sociales. La lucha contra el régimen comunista en Polonia fue *multifacética, involucrando a sindicatos, la Iglesia*

Católica, intelectuales y la sociedad civil en general.

El movimiento sindical *Solidarność*[123], fundado en 1980, se convirtió en la fuerza impulsora de la resistencia polaca. Liderado por *Lech Wałęsa*[124], un electricista de los astilleros de Gdańsk; *Solidaridad* comenzó como un sindicato independiente que demandaba mejores condiciones laborales y mayores libertades para los trabajadores. Sin embargo, rápidamente evolucionó hacia un movimiento social que abogaba por la democratización de Polonia.

Solidaridad logró reunir a millones de polacos en una resistencia no violenta contra el régimen comunista. Sus demandas iban más allá de las cuestiones laborales, incluyendo la libertad de prensa, la liberación de prisioneros políticos y el reconocimiento de derechos civiles fundamentales. A pesar de la imposición de la *ley marcial en 1981*[125] y la represión subsecuente, *Solidaridad* continuó operando en la clandestinidad, manteniendo viva la llama de la resistencia.

En ese entorno social, la Iglesia Católica en Polonia, bajo la guía del *Papa Juan Pablo II*[126], desempeñó un papel crucial en el fortalecimiento de la resistencia. El Papa, originario de Polonia, apoyó abiertamente a *Solidaridad* y denunció las injusticias del régimen comunista. Sus visitas a Polonia en 1979 y 1983 fueron momentos clave, que inspiraron a los polacos a mantener su lucha por la libertad.

La Iglesia proporcionó un espacio seguro para las actividades de oposición, organizando reuniones, distribuyendo información y ofreciendo apoyo moral y espiritual a los activistas. La combinación de la fuerza moral de la Iglesia y el activismo sindical de *Solidaridad* creó una alianza formidable que el régimen comunista no pudo desmantelar.

El esfuerzo conjunto de *Solidaridad*, la Iglesia y otros movimientos sociales, condujo finalmente a la caída del comunismo en Polonia. En 1989, las negociaciones entre el gobierno comunista y *Solidaridad* resultaron en las elecciones parcialmente libres de junio, donde *Solidaridad* obtuvo una victoria aplastante. Este evento marcó el inicio del fin del régimen comunista en Polonia y sirvió de catalizador para la ola de democratización que se extendió por toda Europa del Este.

La transición pacífica de Polonia hacia la democracia es un testimonio del poder de los movimientos sociales, en la resistencia contra el pensamiento único y la opresión. El éxito de estos movimientos no solo transformó Polonia, sino que también contribuyó al colapso del comunismo en toda la región, sentando un precedente para futuras luchas por la libertad y la justicia.

Aunque Polonia es uno de los casos más emblemáticos, otros países también desarrollaron movimientos significativos de resistencia contra la imposición del comunismo y el pensamiento único.

LA RESISTENCIA INSPIRADA.

El levantamiento de 1956 en Hungría fue un claro ejemplo de resistencia contra la dominación soviética. Inspirados por la *desestalinización*[127] y los disturbios en Polonia, los húngaros se rebelaron contra el gobierno comunista, demandando la retirada de las tropas soviéticas y la implementación de reformas políticas. Aunque la rebelión fue brutalmente aplastada, demostró que la resistencia popular podía desafiar seriamente al régimen.

La Primavera de Praga en 1968, representó otro intento significativo de resistir el control soviético. El programa de reformas de *Alexander Dubček*, que buscaba democratizar el sistema político checoslovaco, fue recibido con entusiasmo por la población. Sin embargo, la invasión del ejército de los países del *Pacto de Varsovia*[128] puso fin a estos esfuerzos. A pesar de su fracaso, la Primavera de Praga dejó un legado duradero de resistencia cultural e intelectual que perduró hasta la caída del comunismo.

En Alemania Oriental, la construcción del Muro de Berlín en 1961 simbolizó la represión comunista. Sin embargo, a lo largo de las décadas de 1970 y 1980, se desarrolló una resistencia pacífica que culminó en las manifestaciones masivas de 1989. El movimiento pacífico, que incluía a iglesias, intelectuales y ciudadanos comunes, desempeñó un papel crucial en la caída del muro y la eventual reunificación de Alemania.

EL IMPACTO DE LA RESISTENCIA.

Los movimientos sociales que resistieron la imposición del comunismo y las dictaduras del pensamiento único, dejaron un impacto duradero en Europa. Estos movimientos no sólo condujeron al colapso del comunismo en muchos países, sino que también sentaron las bases para la construcción de sociedades más libres y *"democráticas"*.

Uno de los logros más significativos de estos movimientos, fue la transición pacífica a la *"democracia"*, en varios países de Europa del Este. Polonia, Hungría, Checoslovaquia y otros países lograron establecer gobiernos democráticos y adoptar constituciones que garantizaban los derechos y libertades fundamentales.

La resistencia al comunismo también impulsó un proceso de reconciliación y memoria histórica. Los países que vivieron bajo regímenes comunistas, han emprendido esfuerzos para recordar y honrar a las víctimas de la represión, así como para educar a las nuevas generaciones, sobre los peligros del totalitarismo y la importancia de la libertad.

El legado de estos movimientos, continúa inspirando a nuevas generaciones, que luchan por la justicia y la libertad en diferentes partes del mundo. Los principios de no violencia, solidaridad y resistencia pacífica, que caracterizaron estos movimientos, siguen siendo relevantes en la actualidad, ofreciendo un modelo de cómo enfrentar la opresión sin recurrir a la violencia.

Es cierto que en la actualidad, los países que lograron resistir y sacudirse el pensamiento único impuesto por el comunismo, están a punto de caer, ante otro tipo de pensamiento totalitario, propiciado por una ideología que surgió de aquello que combatieron. Sin embargo, vale la pena citar estos ejemplos de lucha y resistencia social, para motivarnos a hacer lo propio en nuestras naciones y poner en evidencia, que la Iglesia además de su labor pastoral, puede desempeñar otras acciones. El mundo está bajo el ataque de una multiplicidad de grupos y movimientos, que bajo el amparo de las banderas de *"libertad y progreso"*, pretenden imponer un pensamiento único, que busca someter *la razón, la fe, la libertad y la conciencia.*

MÉXICO.

En su momento, *Anacleto González Flores*, nos demostró como resistir pacíficamente ante un gobierno tiránico, que pretendió un pensamiento único y la eliminación de las libertades fundamentales.

La Guerra Cristera, que tuvo lugar en México entre 1926 y 1929, fue un conflicto armado que enfrentó al gobierno de *Plutarco Elías Calles* y a miles de católicos, que se alzaron en armas para defender la fe y el derecho a la libertad religiosa. La raíz del conflicto fue la política anticlerical del Estado mexicano, que intentaba reducir los derechos de la Iglesia Católica y sus feligreses, en la vida pública. Entre las figuras más destacadas de la resistencia pacífica, moral e intelectual, estuvo *Anacleto González Flores*[129], un líder católico que no tomó las armas, pero jugó un papel crucial en la lucha contra las políticas represivas del gobierno.

Uno de los pilares de la resistencia de *Anacleto González Flores*, fue su trabajo intelectual e informativo. En 1925, fundó junto con otros liderazgos, la *Unión Popular*[130], una organización que buscaba movilizar a los católicos mediante la educación y la organización social. La *Unión Popular*, tenía como objetivo principal educar a los católicos sobre sus derechos y la importancia de resistir pacíficamente a las medidas anticlericales.

El periódico *La Palabra*, que *González Flores* editaba y distribuía clandestinamente, fue una de las herramientas clave en esta lucha. A través de artículos, folletos y otros escritos, buscaba contrarrestar la propaganda gubernamental y promover una resistencia informada y organizada. *Anacleto* creía que la educación era una forma esencial de *empoderar* a la población, y por ello impulsó la creación de escuelas clandestinas y círculos de estudio, donde los católicos podían aprender sobre su fe y los principios de la justicia social.

A diferencia de muchos de sus contemporáneos que optaron por tomar las armas, *González Flores* defendía la resistencia pacífica como la forma más efectiva de contrarrestar la persecución gubernamental. Inspirado en los principios de la doctrina social de la Iglesia Católica, promovió la *desobediencia civil*[131] no violenta. Animaba a los católicos a desobedecer las leyes injustas, pero siempre evitando la violencia.

Un ejemplo claro de esto fue el boicot económico que promovió contra el gobierno, instando a los católicos a dejar de consumir productos de empresas que apoyaban las políticas anticlericales. Esta forma de resistencia, aunque pacífica, tuvo un gran impacto en la economía y fue una de las razones por las que el gobierno intensificó la represión.

Más allá de la resistencia física e intelectual, *González Flores* también promovió una resistencia moral basada en el testimonio de la Fe. Para él, el martirio no era algo que debiera buscarse, pero sí una posibilidad que debía aceptarse con dignidad si llegaba el momento. Su propia *muerte*[132] en 1927, a manos del gobierno, es un ejemplo de este razonamiento.

González Flores fue torturado y ejecutado por negarse a renunciar a su fe, lo que lo convirtió en un mártir y símbolo de la resistencia católica en México.

Su visión del sacrificio y la dignidad humana fue central en su estrategia de resistencia. Creía que, aunque el gobierno podía reprimir a la Iglesia, no podría destruir el espíritu y la fe de los creyentes. Esta idea fue fundamental para inspirar a miles de cristeros y católicos, que participaron en la defensa de su Fe, aún después de la muerte de Anacleto.

La creación de la *Unión Popular* fue uno de los logros más importantes de *Anacleto González Flores*, en la lucha contra las políticas anticlericales del gobierno. Esta organización no sólo promovía la educación y la resistencia pacífica, sino que también proporcionaba una estructura que permitía coordinar acciones y mantener la unidad entre los diferentes sectores de la resistencia.

González Flores desempeñó un papel crucial en la creación de una red de apoyo, que incluía tanto a campesinos como a intelectuales. Aunque no participó directamente en la lucha armada, comprendía la importancia de apoyar a los cristeros que habían tomado las armas, y por ello trabajó para garantizar que la resistencia civil pudiera complementar la lucha militar. Esto incluía la recaudación de fondos, la distribución de alimentos y suministros, y la provisión de apoyo logístico.

Uno de los aspectos más notables de la Unión Popular fue la inclusión de mujeres en roles clave. Las mujeres cristeras desempeñaron un papel fundamental en la distribución de propaganda y en la organización de redes clandestinas. *Anacleto* reconoció su importancia y trabajó para asegurarse de que pudieran participar activamente en la resistencia, lo que marcó un hito importante en la historia de la participación femenina en los movimientos sociales en México.

La Unión Popular enfrentó varios desafíos. La represión

del gobierno fue implacable. Muchos de sus miembros fueron arrestados, torturados o ejecutados. Sin embargo, la organización de la resistencia civil, en gran parte gracias al liderazgo de *González Flores*, permitió que el movimiento Cristero tuviera sonadas victorias a pesar de estos reveses.

¿QUÉ DEBEMOS HACER?

El panorama global, resulta complejo. Pareciera ser que todo está perdido, sin embargo, tal y como quedó demostrado con los ejemplos de resistencia aquí planteados, hay posibilidad de victoria, a pesar de tener todos los elementos en nuestra contra. Para ello es necesario unificar esfuerzos y poner en práctica una serie de estrategias, que logren en su momento, darle la vuelta a este panorama. Me permito sugerir una serie de acciones que se pueden poner en marcha de manera inmediata.

DEFENSA DE LOS VALORES TRADICIONALES. El primer frente, en el que debemos actuar, es el cultural. Las batallas culturales son, en esencia, batallas por la identidad y los valores de una sociedad; debemos estar preparados para defender la visión racional del mundo, ante el avance de la decadencia.

No hay que esperar al surgimiento de un líder *"mesiánico"* que domine todos los temas y nos *"guíe"* en esta batalla cultural. Cada uno puede y debe prepararse en conciencia, para sumar en esta defensa.

EDUCACIÓN BASADA EN PRINCIPIOS. Una de las principales preocupaciones, es la influencia que las nuevas corrientes ideológicas ejercen sobre el sistema educativo. La educación es uno de los campos más sensibles, pues es a través de esta, que las futuras generaciones forman sus ideas y valores. Para contrarrestar la influencia del pensamiento único, debemos promover una educación que enfatice el estudio de las tradiciones culturales, la historia, la religión y la ética basada en valores universales.

Esto implica la creación y el fortalecimiento de instituciones educativas que compartan estos principios. Los colegios, universidades y centros de investigación, pueden ofrecer una alternativa a las narrativas dominantes, brindando a los estudiantes una educación que valora el pensamiento crítico, la libertad de expresión y el respeto a las diferentes opiniones.

APOYO A LOS MOVIMIENTOS CULTURALES. La cultura popular, es un terreno crucial en el que se libra la batalla de las ideas. El cine, la televisión, la música y las redes sociales son medios a través de los cuales se propagan valores y normas sociales. Debemos desarrollar una estrategia cultural activa, apoyando a artistas, cineastas, escritores, músicos e influencers, que promuevan una visión del mundo distinta a la narrativa dominante.

Al mismo tiempo, es crucial que no nos limitemos a una crítica pasiva de la cultura dominante. En lugar de simplemente denunciar los excesos de las corrientes progresistas, debemos ser capaces de crear una cultura alternativa, que sea atractiva para el público en general. Esto implica la producción de contenidos culturales que reflejen valores, pero que al mismo tiempo sean innovadores y relevantes en el contexto actual.

PARTICIPACIÓN ACTIVA EN LA POLÍTICA. No debemos limitarnos a ser espectadores en la arena política. La participación activa en la vida política, es clave para evitar que el pensamiento único domine el discurso público y las decisiones gubernamentales.

Uno de los errores más graves que hemos cometido, es aislarnos y fragmentarnos, en una multitud de grupos que defienden ideas particulares; esto debilita nuestra influencia colectiva. Para enfrentar el desafío del pensamiento único, es crucial que se formen coaliciones amplias, que incluyan tanto a líderes sociales, como a movimientos y organizaciones no gubernamentales, que compartan ideas y valores fundamentales.

Estas coaliciones deben estar enfocadas en objetivos concretos, como la defensa de la libertad de expresión, la protección de la familia tradicional, la promoción de la soberanía nacional y la defensa de los derechos religiosos. Al trabajar juntos, podremos amplificar nuestra voz y ejercer una mayor influencia en el ámbito político y legislativo.

*PROMOCIÓN DE POLÍTICAS PÚBLICAS. Además de formar coaliciones, debemos ser capaces de traducir las ideas y principios que promovemos, en políticas públicas coherentes. Esto implica elaborar propuestas políticas que no solo se opongan a las ideologías dominantes, sino que ofrezcan soluciones prácticas a los problemas contemporáneos.

Por ejemplo, en el campo de la educación, se pueden proponer políticas que fomenten la libertad de elección escolar, permitiendo que los padres elijan escuelas que se alineen con sus valores. En el ámbito familiar, se pueden promover políticas de apoyo a la maternidad y paternidad, así como la defensa del matrimonio tradicional. En cuanto a la libertad religiosa, podemos abogar por políticas que protejan a las instituciones religiosas y a sus líderes, de la interferencia estatal y garanticen su derecho a actuar de acuerdo con sus principios y valores.

*LITIGIO ESTRATÉGICO. En muchos países, los tribunales han jugado un papel clave en la interpretación y aplicación de leyes relacionadas con los derechos civiles, la libertad de expresión y la libertad religiosa. Debemos estar capacitados y dispuestos, a utilizar los tribunales para defender nuestros derechos y promover causas justas.

Esto incluye la impugnación de leyes o políticas inconstitucionales o contrarias a las libertades fundamentales, así como la defensa de individuos y organizaciones que se vean afectados por la imposición de una agenda progresista. A través de litigios estratégicos, podemos lograr victorias judiciales que protejan nuestros derechos y limiten el avance del pensamiento único.

APROVECHAR LAS NUEVAS TECNOLOGÍAS Y MEDIOS ALTERNATIVOS DE COMUNICACIÓN. En la era digital, la batalla de las ideas se libra en gran medida, en el campo de la comunicación. Debemos adaptarnos a este nuevo entorno, aprovechando las oportunidades que ofrecen las redes sociales, las plataformas de medios alternativos y otras herramientas tecnológicas para difundir mensajes estratégicos y realizar movilizaciones efectivas.

Uno de los principales retos a los que nos enfrentamos, es que los medios de comunicación tradicionales, están sesgados a favor de las corrientes progresistas. Para contrarrestar esta situación, es necesario desarrollar medios alternativos que ofrezcan una perspectiva diferente.

Estos medios pueden incluir portales de noticias, blogs, podcasts y canales de *YouTube* que aborden temas de actualidad desde una perspectiva racional. Al mismo tiempo, es importante que estos medios no se limiten a ser espacios de denuncia o confrontación, sino que también ofrezcan análisis profundos y constructivos sobre temas de interés general, como la economía, la educación, la política exterior y los derechos humanos.

REDES SOCIALES. Las redes sociales, han transformado la forma en que las personas consumimos información y participamos en el debate público. Las redes sociales ofrecen una herramienta poderosa para movilizar bases, difundir mensajes estratégicos y contrarrestar las narrativas dominantes.

Es fundamental que nos volvamos expertos en el uso de plataformas como *Twitter, Facebook, Instagram y TikTok*, no solo para llegar a un público objetivo, sino también para atraer a nuevas audiencias, e impactar en los más jóvenes. Esto requiere una comunicación clara, atractiva y accesible, que combine mensajes basados en principios con un enfoque adaptado al contexto actual.

FORMACIÓN DE LÍDERES. Además de desarrollar medios alternativos y utilizar las redes sociales, debemos formar y promover a líderes sociales y de opinión, que sean capaces de articular ideas de manera efectiva en el debate público. Estos líderes deben de incluir periodistas, académicos, políticos y personalidades de los medios de comunicación, que defiendan abiertamente una visión distinta a la narrativa dominante.

La presencia de estos líderes en los medios de comunicación, en las redes sociales y en otros espacios públicos, es fundamental para contrarrestar la percepción de que no existe otra alternativa a la oficial y que la *derecha alternativa*[133] está en retirada o es incapaz de adaptarse a los tiempos modernos. Estos líderes deben ser capaces de presentar ideas disidentes, como una opción viable, moderna y atractiva, capaz de ofrecer soluciones a los problemas contemporáneos.

ALIANZAS INTERNACIONALES. La colaboración internacional puede ser una herramienta valiosa para fortalecer el movimiento conservador a nivel global. Al trabajar con grupos y organizaciones de otros países, podemos compartir experiencias, estrategias y recursos, lo que puede ayudar a enfrentar la imposición del pensamiento único de manera más efectiva.

Estas alianzas pueden ser particularmente útiles, para colaborar en la defensa de principios comunes como la soberanía nacional, la libertad religiosa y la protección de las tradiciones culturales. Al hacerlo, podemos amplificar nuestra influencia y construir un frente unido contra las corrientes ideológicas dominantes.

CONCLUSIÓN.

Enfrentar la imposición del pensamiento único es un desafío significativo que debemos afrontar, para evitar la destrucción de la civilización; es fundamental desarrollar estrategias efectivas, en diversos frentes para proteger y promover la disidencia. Desde la movilización cultural y la defensa activa en los espacios de poder, hasta el uso de nuevas tecnologías y la construcción de alianzas internacionales; debemos adoptar un enfoque multifacético que nos permita generar influencia social y contribuir al debate público de manera significativa.

El éxito de estas estrategias, dependerá de la capacidad para adaptarnos a un entorno en constante cambio, aprovechar las oportunidades que ofrecen las nuevas tecnologías y medios, y construir coaliciones amplias y efectivas. Al hacerlo, podremos enfrentar la imposición del pensamiento único y seguir promoviendo una visión del mundo que valore la libertad y el respeto por las tradiciones y principios fundamentales.

Que Dios nos ayude en esta batalla que nos tocó librar.

LA DERECHA ALTERNATIVA

COLABORACIÓN ESPECIAL – CHRISTIAN FERNANDO

> *"Derecha Alternativa Mexicana: se entiende como un movimiento político, que requiere que coincidan libertarios que acepten que la dignidad de la persona empieza desde la concepción, conservadores que entiendan que la tradición está al servicio de la cultura y patriotas que comprendan que el amor a la nación no es idolatrar al estado".*

> *Christian Fernando*

ORÍGENES.

En los últimos años, se han presentado una serie de sucesos con gran repercusión mundial. Desde la caída del muro de Berlín, el derrumbe de la cortina de acero, hasta el descubrimiento de la falacia del *socialismo real. Ratzinger*[134] en 1984, expresó que *"los regímenes comunistas, que pretenden liberar al hombre, son sólo una vergüenza de nuestro tiempo"*. Con esto se daba inicio a una nueva forma de entender el mundo libre.

En 1985, la ex *Unión Soviética* inició una reforma política y económica, conocida como *Perestroika*[135], la cual fue impulsada por *Mijaíl Gorbachov*[136] y respaldada por el presidente estadounidense *Ronald Reagan*[137] y S.S. *San Juan Pablo II*, que desde su infancia había padecido el yugo del comunismo en Polonia, su país de origen. Sin él actuar del *Sumo Pontífice*, la caída del muro de Berlín y la disolución de la *Unión Soviética* en 1991, no habría sucedido. Al ocurrir estos sucesos, el mundo occidental dio por hecho que los regímenes socialistas, comunistas y la filosofía política marxista, existente en Europa, habían sido superadas. Grave error.

Ante esta situación, el *esbirro*[138] intelectual de izquierda, cambió radicalmente su accionar y se congregó en torno a los postulados de *Antonio Gramsci*[139], quien impulsó la idea, de que la manera más eficaz para que el social-comunismo permee en una sociedad, era por la vía de la hegemonía cultural, donde las clases subalternas o la subcultura puedan desarrollar una conciencia crítica y convertirse en actores políticos, es decir, la lucha por el poder político no solo se da a través de la violencia o la revolución como lo estableció *Karl Marx*, sino mediante el consenso y la participación democrática.

Con esta nueva visión *Gramsciana*, se llevó a cabo una reagrupación de *"líderes, mesías o iluminados"*, autonombrados como demócratas, adheridos a la *Internacional Socialista*[140] *(actualmente conocidos como Socialdemócratas)*, que han aprovechado las deficiencias del sistema democrático electoral y de partidos, para acceder nuevamente al poder de una manera "legítima".

LA SITUACIÓN IBEROAMERICANA.

En 1996, el escritor cubano *Carlos Montaner*, el colombiano *Plinio Apuleyo*, y el *peruano Álvaro Vargas Llosa*, publicaron *"El Manual del Perfecto Idiota Latinoamericano"*; un libro que describe y analiza el fenómeno de la izquierda populista iberoamericana, donde se tocan orígenes, fundamentos y se señalan a sus promotores, además de lanzar fuertes críticas a políticos, lideres e "intelectuales" que promovían mitos, cuentos y falacias en temas económicos y sociales.

A pesar de los peligros y consecuencias del comunismo aplicado en Europa, en Iberoamérica emanaron personajes carismáticos con ideales comunistas, que lograron tener un gran apoyo popular. Es en este escenario, que el comunismo se abre paso en esta parte del mundo y se funda el *Foro de Sao Paulo*[141].

Los líderes emanados de este nefasto *foro*, concretaron su visión política, con la llegada al poder de los Castro en Cuba, Chávez en Venezuela, Morales en Bolivia, Correa en Ecuador, Ortega en Nicaragua, Lula Da Silva en Brasil, los Kirchner en Argentina, Lugo en Paraguay y *El Peje*[142] en México. Todos ellos convirtiéndose en presidentes constitucionales al ser votados por el *"hombre masa"* o el llamado *"idiota"*.

Los presidentes surgidos gracias al *Foro de Sao Paulo*, impulsaron el mal llamado *"Socialismo del Siglo XXI"*, sistema político que de origen está destinado al fracaso, pues ha llevado a la miseria, hambre, adoctrinamiento y pérdida de las libertades fundamentales a sus ciudadanos, mediante el subsidio, entrega de dádivas y un asistencialismo desmedido que ningún país sano puede mantener por siempre. Estos *"mesías de la democracia"* dicen sentir una deuda con el *pueblo* y les proponen saldar ese déficit, con la entrega de recursos económicos y materiales, que al final son cubiertas por los ciudadanos que pagan sus impuestos.

PROBLEMÁTICA ACTUAL.

Los países que han caído ante el comunismo, tiene algunas características comunes, una de ellas es que sus máximos referentes en el ámbito académico, político, empresarial, familiar y religioso han abandonado y en muchos casos se han rehusado, a dar la batalla de las ideas. Los *populistas*[143] han utilizado el *neolenguaje* como un arma de adoctrinamiento, que les ha dado la posibilidad de promover su perversa ideología y satanizar cualquier idea que vaya en su contra; esto lo hacen principalmente a través de la televisión, educación, escuelas, cultura, arte, iglesias posmodernas y redes sociales.

Un ejemplo claro del uso del *neolenguaje*, se encuentra en tomar conceptos y tergiversarlos, buscar enemigos imaginarios y crear una narrativa de confrontación. Por ejemplo, el *"antipueblo"*, que toma diferentes apelativos: *"los gorilas"* en Argentina, *"la casta"* en España, *"los escuálidos"* en Venezuela o *"la mafia del poder"* o los *"fifís"* en México. El factor común de este accionar, es que todos aquellos que *"no pertenecen al pueblo"*, son los culpables de sus males.

En este sentido, la visión reduccionista del mundo que posee el *hombre masa*, encuentra eco entre opinadores serviles o sicarios del periodismo y de las redes sociales, que se alinean a lo que dictan las causas que los contratan. Un aspecto de gran trascendencia, es que las redes sociales se encuentran infestadas por contenidos que impulsan la visión del *hombre masa*. Es ahí donde se tiene que empezar a dar la batalla de las ideas.

Umberto Eco (2015) mencionó, que *"las redes sociales le han dado el derecho de hablar, a legiones de idiotas que primero hablaban solo en el bar después de un vaso de vino, sin dañar a la comunidad. Antes eran silenciados rápidamente, pero ahora tienen el mismo derecho de hablar que un Premio Nobel. Es la invasión de los imbéciles".*

De esta forma, la izquierda y sus grupos de control, han ido irrumpiendo en la escena social y cultural, al promover y adoctrinar las conciencias del *hombre masa*, con políticas globalistas, progresistas y antinatalistas que nada tienen que ver con las necesidades de las propias naciones, claro todas ellas financiadas por instituciones internacionales, como lo son la *Open Society Foundations* de *George Soros*, la *ONU* con su *agenda 2030*, el *Pacto Verde*, la *UNICEF*, entre otras. En este sentido, hoy vemos que en los países se toman decisiones, que destruyen la igualdad esencial de todos los hombres, expresada en los derechos universales. México no es la excepción.

Carlos Abascal[144] (2008) manifestaba que *"está en claro que lo que está en juego en México no es el Bien Común, lo que está claro para todos los partidos políticos no es la construcción de mejores condiciones para la plena realización de todos en lo individual y en lo colectivo, lo que está en juego es la conquista del poder político al precio que sea, incluso a sacrificar aquellos para quien se gobierna".*

UNA SOLUCIÓN CON ESPERANZA.

La *Derecha Alternativa* o *Alt Right* es un movimiento político y cultural, que se dio a conocer formalmente en Estados Unidos a mediados de la década de 2010. Tiene la característica de respetar la cultura y el modo particular de actuar de los ciudadanos que la integran de acuerdo a su identidad nacional, es patriota, combate ferozmente al globalismo, sostiene un enfrentamiento frontal con el marxismo cultural, además de rechazar a los políticos tradicionales.

Alt Right se encuentra diametralmente opuesto a lo *políticamente correcto*, al *status quo*, al *establishment* y al *deep state*[145]. Es importante destacar, que los principales intelectuales de esta derecha, son los estadounidenses *Richard Spencer* y *Steve Bannon*.

Europa, Estados Unidos y algunos países Iberoamericanos, han sido testigos del surgimiento de movimientos de esta derecha alternativa, que entre otras cuestiones, contempla la victoria electoral del presidente *Trump* en EUA y ha sido partícipe en el surgimiento de gobiernos como el de *Meloni* en Italia, *Orban* en Hungría, *Duda* en Polonia y *Milei* en Argentina; también es artífice de la consolidación de partidos políticos como VOX de *Abascal* en España, Alternative für Deutschland de *Chrupalla*, de Weidel en Alemania, el Partido de la Libertad de *Wilders* en Países Bajos y Rassemblement National de *Le Pen* en Francia. En México, se espera que el movimiento *social* encabezado por *Eduardo Verastegui* sea una realidad.

LA DEMOCRACIA Y LA POSIBLE DERECHA ALTERNATIVA MEXICANA.

Uno de los retos más importantes del ser humano, es mantener la unidad entre lo que se piensa, se dice y se hace, es por esto, que la Derecha Alternativa Mexicana debe defender y promover tres pilares fundamentales que son: ***Dios, Patria y Libertad***. Esto debe permitir la constitución de un frente cívico ciudadano, que combata a las diversas ideologías que la posmodernidad ha impulsado, como el progresismo, marxismo, liberalismo totalitario, entre otros.

Un problema actual en la democracia, es la forma de como es entendida por la población. Es ahí de donde proviene el problema sustancial en su actuar. *Ayuso (2016)*, menciona que *"existen dos tipos de democracia actualmente, la primera, se define como una forma de gobierno, la cual consiste en un modo de elección, mediante la cual los votantes eligen a sus gobernantes; el otro término de democracia se entiende como fundamento de gobierno, el cual es la pretensión de que la mayoría determina el bien"*. Bajo esta última concepción, la verdad, la justicia, lo bello en cualquier acto humano y en su actividad política, puede ser destruido, puede incluso acabar con la vida humana e instaurar la esclavitud como era hace no tanto tiempo, puede socavar la dignidad de la persona, entre otros grandes horrores.

En general, lo que hace la democracia moderna en las sociedades de masas, es obligar a la gente a votar y a pronunciarse sobre aspectos que ignora y le impide en cambio, decidir sobre lo que sabe, a través de la apariencia de la pantalla de las democracias de masas. Las élites gobiernan el mundo. *Donoso Cortés (1850)* sostuvo que *"el principio electivo es de suyo cosa tan corruptora que todas las sociedades civiles, así antiguas como modernas, en que ha prevalecido han muerto gangrenadas"*.

La relación entre la democracia y la Derecha Alternativa es compleja y a menudo conflictiva. La Derecha Alternativa desconfía de la partidocracia y de la democracia liberal, pues considera que no representa los verdaderos intereses del *pueblo*. En México esto se ha visto desde desde el surgimiento de la democracia, específicamente con la constitución de un partido hegemónico, como lo fue el PNR[146], que después cambió al PRM[147] y posteriormente paso a ser el PRI, actualmente refundado fácticamente como MORENA. Es conveniente señalar, que este movimiento político y algunos otros, han sido fundados, apoyados y operados por la Masonería. *Carlos Abascal (1973)* sostuvo que *"la democracia es una farsa de la que se ha servido la masonería, para hacer creer a una mayoría confundida y desorientada que se está haciendo su voluntad y que esta es forzosamente buena. Lo real es que los principios de la democracia liberal son falsos e inaplicables en sí mismos".* Una circunstancia muy real en México a lo largo de su historia, como se constata con la intervención de J.R. Poinsett, hasta la de los titiriteros que manejaron al títere López Obrador y ahora manejan a Claudia Sheinbaum.

PRINCIPIOS DE LA DERECHA ALTERNATIVA MEXICANA.

En este aspecto, quienes nos adscribimos a la Derecha Alternativa, debemos de adentrarnos en el bajo mundo de la partidocracia y, aunque nos cause nauseas la política partidista, debemos ingresar a ella, sin renunciar a una Fe inquebrantable hacia Dios nuestro Señor, con el afán de ganar representación a través de las elecciones, a sabiendas que tenemos todo en contra; debemos impulsar un movimiento cívico-político, y tratar de influir desde adentro, si no lo hacemos así, los políticos de siempre, seguirán tomando decisiones dañinas, las cuales han perjudicado gravemente a la nación mexicana. Por esta razón debemos participar plenamente, con identidad propia, e influir en la toma de las decisiones políticas, edificando un Estado de Derecho que se fundamente sobre una recta concepción de la persona humana.

La Derecha Alternativa Mexicana requiere de una sociedad compuesta de ciudadanos convencidos y comprometidos con sus familias, con el bien común de este país, donde las personas sean el principio y el fin inmediato de las políticas públicas, las cuales deben de respetar y promover la noción de persona, sustentada en los principios antropológicos trascendentes y también dichas políticas públicas deben de fundarse en los valores básicos de la convivencia humana, como son: la solidaridad, la subsidiariedad, la participación, la justicia, el bien común.

Carlos Abascal (2008) mencionó que *"es a esa sociedad a la que hay que llamar, a la que hay que contagiar, para que todos juntos, unidos y de manera vertebrada aprovechemos toda la fuerza, toda la historia, toda la cultura, sin darse el lujo de prescindir, de ocultar, de soslayar estos principios que están en el punto de partida de nuestra propia civilización".*

La Derecha Alternativa mexicana, debe tener como eje de acción, las ideas fundamentales del *"Humanismo Cristiano[148]"*, el cual enarbola las siguientes premisas:

*Tener presente a Dios, el Señor de la historia, en todo momento.

*Defender la sacralidad de la vida humana.

*Promover la familia como célula fundamental de la sociedad, como una comunidad estable de amor entre una mujer y un hombre.

*Eliminar la miseria y la reducción de la pobreza a través del crear todas las condiciones necesarias para que la inversión produzca más y mejores fuentes de empleo.

*Consolidar la paz: luchando contra la violencia y el narco-terrorismo, mediante el uso de la fuerza del estado. El combate a la impunidad y la impartición de justicia.

*Fortalecer el derecho primario que tienen los padres respecto a la educación de sus hijos, de acuerdo a sus convicciones, principios y apegados a la ciencias naturales comprobadas.

*Enfatizar la identidad cultural, nacional y étnica al defender la preservación de tradiciones y principios que se consideran fundamentales.

*Oponerse al progresismo que atente contra la cultura y la forma en que viven y se relacionan los ciudadanos unos con otros.

*Rechazar las políticas globalistas que socavan a la nación y favorecen a las élites a expensas del desarrollo nacional.

*Combatir a las élites políticas y culturales que atentan contra los ciudadanos mexicanos y sus familias.

*Promover valores tradicionales en la sociedad, a menudo en oposición a los movimientos progresistas y feministas.

*Defender la libertad de expresión de toda censura en todo medio de comunicación.

*Combatir el relativismo intelectual y moral, en base a la verdad y realidad de las cosas.

En general, la Derecha Alternativa Mexicana debe buscar establecer una sociedad que refleje su cultura y sus principios, promoviendo una visión cultural homogénea y patriota en contraposición al multiculturalismo y a agendas ideológicas woke que nada tienen que ver con la realidad nacional. *Elsa Méndez* (2023) expresó que *"nunca ha sido fácil estar del lado correcto. Te perseguirán, arriesgarás tu nombre, tu reputación. Pero pocos serán los valientes que defenderán la verdad, y valdrá la pena hacerlo, porque la recompensa será infinita"*.

La Derecha Alternativa Mexicana, debe ser ese movimiento instalado en el sentido común y en el realismo, donde el esfuerzo, el mérito, el honor, el valor, la caridad bien entendida, la disciplina, el respeto a la autoridad y la igualdad de oportunidades, deben conformar a sus ciudadanos para proteger las raíces, su origen y a su pueblo de esos enemigos que quieren romper a nuestra patria. De esos enemigos de la libertad que quieren poner cordones sanitarios y acallar a los disidentes, de esos que defienden los privilegios de *lobbies* globalistas, sirvientes de la dictadura y del consenso progre.

Viktor Orban (2022) manifestó que *"los progresistas amenazan a toda la civilización occidental. Los liberales progresistas, los nuevos marxistas embriagados por la cultura Woke, la gente de George Soros, los propagadores de las sociedades abiertas, quieren eliminar la forma de vida occidental"*.

En México hemos visto como *MORENA* y sus aliados han promovido leyes que fomentan una *Cultura de la Muerte*[149], sin que la *Derechita Cobarde* se inmute. Las politicas de izquierda, son causante de la mayoría de los problemas que aquejan a sus ciudadanos, como son la corrupcion, la violencia institucionalizada, inclusive intrafamiliar, la falta de seguridad, la falta de trabajo y productividad, el hambre, la pobreza, la desintegración social y de la familia, la juventud desadaptada fácil presa de las drogas, adicciones, vicios y de la delincuencia, la perversión de la niñez a través de programas de educación con base en la Ideologia de Genero, y la muerte por la implementacion de politicas públicas que incentivan el aborto, la eutanasia, las uniones homosexuales, las adopciones homoparentales, entre otras.

Para contrarrestar esto, la Derecha Alternativa Mexicana, debe mirar sin distinciones, a las personas que quieran libertad para reivindicar el orgullo de ser mexicano, de ser pro vida, de ser pro familia y pro libertades. Esta debe ser nuestra vocación, origen y destino; ese orgullo que compartimos con muchos votantes de izquierda, de la derechita cobarde y abstencionistas, a los que hoy también se les llama a que se sumen a esta travesía.

El amor, es la fuerza mediante la cual se construye el bien común. *Carlos Abascal* (2006) establece que *"la única fuerza que nos lleva a construir el bien común, la única, es la capacidad de amar a la gente, es la capacidad de comprometernos con ella, es la capacidad de entender que nosotros nos debemos justificar como servidores públicos sólo en la medida en la que nos entreguemos realmente a la construcción de condiciones que hagan posible la felicidad de los demás, el bien común. El egoísmo nos vuelve sordos y mudos, el amor abre de par en par los ojos y el corazón para cambiar el rumbo de muchas historias personales y colectivas".*

Queridos lectores, tenemos que ser valientes y libres para enfrentarnos a la manipulación mediática y partidista, las cuales han distorsionado la realidad, demonizan los sentimientos más nobles que hemos aprendido en nuestros hogares. El México Cristero no se rinde, el México libre no se quiebra, no está en nuestra naturaleza, no está en nuestro ADN, no está en nuestra tradición, no tenemos derecho de hacerlo, no sabemos, no podemos ser ni vivir de otra manera. El México antiguo de *Sahagún* y *Clavijero*, el México moderno de *Fuentes Mares*, el México indómito de *Cuauhtémoc*, el México mestizo de *Cortés* y *La Malinche*, el México piadoso de *"Motolinia"*, el México nación de *Alamán*, el México inspirado en *Iturbide*, el México valiente de *Miramón*, el México pacifico de *Porfirio Díaz*, el México educado por *Vasconcelos*, el México combativo de *Salvador Abascal*, el México revisionista de *Borrego*, el México incorrupto de *Carlos Abascal*, es el México que no se rinde nunca y es un México en el que no nos rendiremos jamás, adelante mexicanos, adelante compatriotas sin miedo a nada, ni a nadie, por México, ¡Viva México!

Un agradecimiento especial a mis grandes próceres intelectuales que han guiado y marcado las diferentes etapas de mi vida, los cuales han ayudado a estructurar mis ideas y pensamientos, a *Don Carlos Abascal* que en paz descanse, con ser un referente de rectitud, ética y compromiso, a *Don Luis Pérez* por sentar las bases de la lógica y el sentido común, a *Don Jorge Pérez* por ser la persona que me fomentó el estudio, el amor por los libros y la enseñanza del pensamiento tradicional, y a *Don Leopoldo De La Maza* que es un ejemplo viviente de integridad y cabalidad, honor a quien honor merece, no me resta más que brindarle mi agradeciendo. Dios los bendiga siempre.

CONCLUSIÓN GENERAL

Seguramente, al terminar de leer *Manipulación Colectiva*, te cuestionas lo mismo que yo: *¿Y AHORA, QUÉ HAGO?*

México enfrenta la incertidumbre de lo que sucederá con el actual gobierno. He observado que entre los jóvenes, surge un sentimiento de desesperanza y desilusión por lo que está por venir.

El libro nos relató un mundo en decadencia, donde hemos renunciado a la verdad y caído en el relativismo, lo que nos ha llevado por caminos sin sentido. Lamentablemente, muchas personas tienen los ojos vendados por la influencia de este mundo posmoderno. *¿Cómo han logrado esto?*

A través de estrategias de manipulación, utilizando diversas herramientas y medios que nos atrapan sin que nos demos cuenta. Estos grupos de poder se infiltran en nuestros pensamientos, emociones y acciones. El libro nos muestra cómo identificar estas trampas y cómo son usadas para convertirnos en parte de sus estrategias.

También nos señala, la necesidad urgente de involucrarnos en la batalla cultural. Aún estamos encerrados en una burbuja que nos impide comunicarnos adecuadamente con todos los sectores de la población, y seguimos utilizando estrategias condenadas al fracaso, alimentadas por falsas ilusiones.

Se menciona además, cómo hemos pasado de una lucha de clases, a una lucha social sobre diferentes temas, que nos hacen creer que nuestra sociedad está en un conflicto constante. Nos hacen pensar que no hay lugar para la colaboración entre los miembros de la sociedad, perpetuando una teoría marxista que no ha sido destruida, sino que ha evolucionado.

Lamentablemente, estamos inmersos en una reingeniería social que ha ido modificando poco a poco aspectos que antes parecían intocables. Todo ha sido cuidadosamente planificado para llegar a la sociedad actual, donde el respeto a la vida, a la familia, a la patria y a nuestras libertades fundamentales ha sido socavado.

Comparto con el autor una de sus mayores preocupaciones: *la reingeniería social ha llegado incluso a la religión.* Poco a poco, hemos visto cómo esta ha sido infiltrada y utilizada como herramienta de manipulación. A veces creemos que el enemigo está lejos, pero lo tenemos a nuestro lado, tomando las instituciones que más amamos.

Hoy vivimos bajo una dictadura del pensamiento. Como mencionaba *Orwell*, ese *"Gran Hermano"* nos vigila constantemente. En México, cada vez más, estamos atrapados en una cultura de cancelación y corrección política, que parece encaminarnos hacia extremos donde se pretende controlar incluso lo que debemos pensar.

Ni tú ni yo lo sabemos con certeza, pero no sería sorprendente que en unos años *este libro sea considerado una amenaza al régimen.* Espero equivocarme, pero desafortunadamente avanzamos a pasos agigantados en esa dirección.

El libro explica claramente cómo la Ventana de Overton se ha aplicado en nuestra sociedad. Es sorprendente ver cómo esta estrategia ha sido utilizada para que hoy dejemos de ver como incorrectos ciertos aspectos que antes considerábamos erróneos. Te invito a reflexionar sobre aquellos temas que, hace unos años, no apoyabas, pero que hoy has aceptado poco a poco bajo esta influencia. Estoy seguro de que, al igual que yo, en algún momento te han querido poner una venda en los ojos. La buena noticia es que estamos a tiempo de actuar. Hoy tú has tenido la fortuna de leer este libro, pero muchas personas no conocen estas estrategias. Ahora es nuestro compromiso compartirlas con los demás.

Se avecina una de las batallas más importantes: *la batalla por la libertad.* Este derecho humano, que poco a poco los grupos de poder quieren arrebatarnos, es uno de los más valiosos que tenemos. Desafortunadamente, en México ya hemos vivido intentos por privar de este derecho a ciertos grupos, y hoy lo seguimos viendo con la persecución y censura de quienes son considerados una amenaza.

Uno de los grandes retos a los que nos enfrentaremos será formar una generación que verdaderamente resista ante las embestidas que se aproximan en México. Estamos a punto de presenciar leyes, programas y proyectos gubernamentales que, aunque no serán justos, lamentablemente serán ley. Estamos por vivir una etapa en la que resistir se convertirá en un acto de rebeldía, un nuevo estilo de vida en el que no cabrá el miedo a las consecuencias de defender la verdad.

Ante esto, es importante que nos preguntemos: *¿Estamos listos para dar esa batalla cultural en nuestro país? ¿Estamos listos para despertar conciencias, dejar atrás la comodidad en la que nos encontramos y atrevernos a comunicar de forma diferente y disruptiva frente a los desafíos que enfrentaremos en México?*

Por supuesto que será difícil y complicado. Nadie dijo que esta batalla sería fácil, pero hoy tenemos la oportunidad de decidir en qué lado de la historia queremos estar. *¿Seremos aquellos que se sentaron en sus sillones mientras nuestra sociedad sufría las embestidas de la manipulación colectiva, o seremos quienes se levantaron y dieron la batalla para que más personas despertaran y se quitaran la venda de los ojos?*

La indiferencia es uno de los grandes males de nuestra sociedad. Seguramente has vivido momentos en los que, social y políticamente, se han abordado temas que nos afectan, pero preferimos guardar silencio y no involucrarnos, por miedo o comodidad.

Hoy te pido a ti, que leíste este libro, que no te quedes con los brazos cruzados. Si no es hoy, *¿cuándo lo harás?* Quizás no tengamos otra oportunidad. Y si no es aquí, en nuestro amado México, *¿dónde será?* No sigas preparándote para batallas que nunca vas a dar. No desperdicies esta oportunidad de dejar un mejor México a tus hijos. Y, por último, si no eres tú, *¿quién lo hará?* Este es nuestro momento. México te necesita valiente, con coraje y proactividad.

Recuerda: *de los tibios nunca se hizo historia.*

Uriel Esqueda.

REFERENCIAS

*Overton, J., 1996. *"La Ventana de Overton de la Posibilidad Política."* Mackinac Center for Public Policy.

*Marlon, J., 2020. *"Mover la Ventana de Overton: El Papel de los Movimientos Sociales."* Dinámicas Sociales.

*Taylor, C., 2019. *"Percepción Pública y la Normalización del Comportamiento Desviado: Un Estudio de la Ventana de Overton."* Revista de Psicología Social.

*Hargrave, R., 2018. *"La Ética de la Normalización: Los Peligros de las Ventanas de Overton en la Formulación de Políticas."* Perspectivas Éticas.

*Spengler, O., 1918, *La decadencia de Occidente*, Alemania, C. H. Beck.

*Huxley, A., 1932, *Un mundo feliz*, Reino Unido, Chatto & Windus.

*Hayek, F., 1944, *Camino de servidumbre*, Reino Unido, Routledge.

*Sennett, R., 1974, *La caída del hombre público*, Estados Unidos, Knopf.

*Postman, N., 1985, *Divertirse hasta morir*, Estados Unidos, Viking Penguin.

*Fukuyama, F., 1992, *El fin de la historia y el último hombre*, Estados Unidos, Free Press.

*Kaplan, R., 1994, *La anarquía que viene: Rompiendo los sueños de la posguerra fría*, Estados Unidos, Random House.

*Diamond, J., 2005, *Colapso: Por qué unas sociedades perduran y* *otras desaparecen*, Estados Unidos, Viking Press.

*Ferguson, N., 2011, *Civilización: Occidente y el resto*, Reino Unido, Allen Lane.

*Ferguson, N., 2012, *La gran degeneración: Cómo se degradan las instituciones y mueren las economías*, Reino Unido, Allen Lane.

*Ash, T., 1983. *La Revolución Polaca: Solidaridad*. Reino Unido. Jonathan Cape.

*Davies, N., 1981. *El Patio de Recreo de Dios: Una Historia de Polonia*. Reino Unido. Oxford University Press.

*Brown, A., 2009. *El Auge y la Caída del Comunismo*. Reino Unido. HarperCollins.

*Paczkowski, A., y Malcolm Byrne (Eds.). 2007. *De Solidaridad a la Ley Marcial: La Crisis Polaca de 1980-1981*. Estados Unidos. Central European University Press.

*Meyer, J., 2006. *La Cristiada: la guerra de los cristeros en México*. Siglo XXI Editores.

*Ramos M., 1999. *Los cristeros: la iglesia católica en la rebelión popular de México (1926-1929)*. Fondo de Cultura Económica.

*Dávila, P., 2010. *Anacleto González Flores y la resistencia pacífica*. Editorial Porrúa.

*Bailey, D., 2003. *¡Viva Cristo Rey! La Rebelión Cristera. Conflicto en México*. University of Texas Press.

*Enríquez, C., 2004. *Anacleto González Flores: Mártir de la libertad religiosa*. Ediciones Paulinas.

*Bernays, E., 1928. *Propaganda*. Nueva York. Ig Publishing.

*Chomsky, N., & Herman, E. S. 1988. *Fabricando el consentimiento: La economía política de los medios de comunicación de masas*. Nueva York. Pantheon Books.

*Foucault, M., 1975. *Vigilar y castigar: El nacimiento de la prisión*. Nueva York. Pantheon Books.

*Fromm, E., 1941. *El miedo a la libertad*. Londres. Routledge.

*Jowett, G. S., & O'Donnell, V. 2019. *Propaganda y persuasión* (7ª ed.). Los Ángeles. Sage Publications.

*Laswell, H. D., 1927. *Técnicas de propaganda en la Primera Guerra Mundial*. Londres. Kegan Paul, Trench, Trubner & Co.

*Lippmann, W., 1922. *La opinión pública*. Nueva York. Harcourt, Brace and Company.

*Orwell, G., 1949. *1984*. Londres. Secker & Warburg.

*Sunstein, C. R., 2014. *Teorías de conspiración y otras ideas peligrosas*. Nueva York. Simon & Schuster.

*Tarde, G., 1901. *La opinión y la multitud*. París. Félix Alcan.

*Dreher, R., 2020. *Vivir sin mentiras. Manual para la disidencia cristiana*. España. International Editors´ Co.

*Murray, D., 2019. *La masa enfurecida. Cómo las políticas de identidad llevaron al mundo a la locura*. España. Península.

*Murray, D., 2022. *La guerra contra Occidente. Cómo resistir en la era de la sinrazón*. España. Península.

*Althusser, L., 1988. *Ideología y aparatos ideológicos de Estado*. 1.ª ed. Buenos Aires. Siglo XXI Editores.

*Bourdieu, P., 1999. *La dominación masculina*. 1.ª ed. Barcelona. Anagrama.

*Chomsky, N., 1992. *El miedo a la democracia*. 1.ª ed. Barcelona. Crítica.

*Lipovetsky, G., 2000. *La era del vacío: Ensayos sobre el individualismo contemporáneo*. 2.ª ed. Barcelona. Anagrama.

*Foucault, M., 1999. *Vigilar y castigar: Nacimiento de la prisión*. 3.ª ed. México. Siglo XXI Editores.

*Lilla, M., 2018. *El regreso liberal: más allá de la política de identidad*. 1.ª ed. Madrid. Debate.

*Caldwell, C., 2021. *La edad del descontento: América en la era del wokismo*. 1.ª ed. Madrid. Deusto.

*Pluckrose, H., y Lindsay, J. 2020. *Cínicos académicos: cómo las ideas de justicia social se convirtieron en dogma y cómo detenerlas*. 1.ª ed. Madrid. Deusto.

*Han, B.C., 2012. *La sociedad de la transparencia*. 1ª ed. Barcelona. Herder Editorial.

*Rheingold, H., 2004. *Multitudes inteligentes: La próxima revolución social*. 1ª ed. Barcelona. Gedisa Editorial.

*Pariser, E., 2012. *La burbuja de los filtros: Cómo la web decide lo que leemos y lo que pensamos*. 1ª ed. Barcelona. Taurus.

*Tellado, F., 2014. *Ciberpolítica: La política en tiempos de Internet*. 1ª ed. Madrid. Anaya Multimedia.

*Innerarity, D., 2013. *El pensamiento secuestrado: Ensayo sobre la diseminación de la inteligencia colectiva*. 1ª ed. Barcelona. Galaxia Gutenberg.

*Arendt, H., 2006. *Los orígenes del totalitarismo*. Traducción de Guillermo Solana. Taurus.

*Service, R., 2004. *Stalin: Una biografía*. Madrid. Ediciones Akal.

*Figes, O., 2008. *Los que susurran: La vida privada en la Rusia de Stalin*. Barcelona. Ediciones Crítica.

*Fitzpatrick, S., 1999. *El estalinismo cotidiano: La vida bajo el régimen soviético*. Madrid. Editorial Siglo XXI.

*Muria, J., 1982. *Historia de Jalisco, Guadalajara*. Unidad Editorial del Gobierno del Estado de Jalisco. Tomo IV, pp. 534-535.

*Laje, A., 2022. *La Batalla Cultural: Reflexiones Críticas Para Una Nueva Derecha.* HarperCollins. México.

NOTAS

[1] Edward Louis Bernays, más conocido como Edward Bernays, fue un publicista, periodista e inventor de la teoría de la propaganda y las relaciones públicas. Judío de nacionalidad austríaca y sobrino de Sigmund Freud, utilizó ideas relacionadas con el inconsciente para la persuasión del "sí mismo", en el ámbito publicitario masivo. *Propaganda*, su libro más célebre, se publicó en 1928.

[2] Joseph Paul Overton fue ingeniero eléctrico, abogado y máster en ciencias políticas. Nació el 4 de enero de 1960 en South Haven, Michigan, Estados Unidos. Se desempeñó como vicepresidente senior del Centro Mackinac para Políticas Públicas. Es reconocido, por ser el creador del modelo de cambio político conocido como "Ventana de Overton". Murió el 30 de junio de 2003.

[3] El término "políticamente correcto" ha sido atribuido históricamente a Karen DeCrow, presidente de NOW (National Organization of Women) de 1974 a 1977. Ella señaló *"La organización que hoy presido al fin está moviéndose en la dirección intelectual y políticamente correcta"*.

[4] La parafilia es un trastorno de la inclinación sexual que se caracteriza por la presencia de fantasías recurrentes y productoras de un elevado nivel de excitación sexual en el que el objeto de deseo es una cosa, personas o entes no consintientes o una situación de humillación y sufrimiento propio y ajeno.

[5] Hasta hace unos años, la homosexualidad era considerada una parafilia. En 1973 la Asociación Americana de Psiquiatría (APA) decidió eliminar, por presión social, la homosexualidad del Manual de Diagnóstico de los trastornos mentales (DSM).

[6] Un eufemismo es una expresión o palabra que se utiliza para sustituir a otra que podría ser malsonante u ofensiva.

[7] Ante la fundación del Partido Político de la Caridad, la Libertad y la Diversidad, se mueve la Ventana de Overton a la etapa seis "promoción política"; esto implica que las ideas que promueve dicho partido, ya están dentro de la "aceptabilidad" social y son percibidas como populares o respaldadas por una parte de la opinión pública. Ver capítulo *"Lo que se avecina"*.

[8] Diario de los Debates. Órgano Oficial de la Asamblea Constituyente de la Ciudad de México. Periodo Único. Sesión 18. Ciudad de México, domingo 29 de enero de 2017.

[9] Los factores serán analizados en capítulos posteriores.

[10] Posverdad: distorsión deliberada de la realidad, que manipula creencias y emociones con el fin de influir

en la opinión pública y en actitudes sociales. Real Academia de la Lengua Española.

[11] Gilbert Keith Chesterton.

[12] Nihilismo: proviene del latín *nihil*, que significa nada.

[13] Los datos del Barómetro de las Américas para México (2010-2021) evidencian que la confianza ciudadana en las principales instituciones democráticas ha sufrido un notable deterioro. Entre 2010 y 2021 la confianza en los partidos políticos pasó del 24 por ciento a menos del 10%. En el caso del Ejecutivo y el Congreso, el desplome de la confianza en estas instituciones fue menos dramático, pero en ambos casos hoy se ubica por debajo del 15% por ciento.

[14] La compañía global de ciberseguridad Kaspersky, realizó un estudio titulado "Iceberg Digital", en el que se reveló que en promedio, el 70% de los latinoamericanos que usan redes sociales, no saben detectar o no están seguros de reconocer una noticia falsa de una verdadera.

[15] El tribalismo es un concepto del campo de la antropología, que hace referencia a un fenómeno cultural, por el cual los individuos crean grupos u organizaciones de naturaleza social con los que identificarse y reafirmarse como parte de un algo más grande.

[16] La Real Academia de la Lengua Española, sostiene que la voz *influencer* es un anglicismo usado en referencia a una persona con capacidad para influir sobre otras, principalmente a través de las redes sociales.

[17] Glenn Beck, es una personalidad estadounidense de radio y televisión, además de comentarista político, escritor y activista político republicano. Presenta y dirige el programa de radio *The Glenn Beck Program*, que se difunde por todo Estados Unidos desde la cadena Premiere Radio Networks, y el programa de televisión homónimo en Fox News Channel. Como escritor, Beck ha situado a seis de sus libros en la lista de los más vendidos de *The New York Times*.

[18] Unidad militar, conformada por cien soldados de infantería, dirigidos por un centurión.

[19] La propaganda es una estrategia comunicacional que puede ser de índole político, comercial, cultural, social o religioso; utilizada para influir en las personas en términos de conducta, ideas u opiniones.

[20] La interacción orgánica es aquella que busca generar empatía con el público objetivo, de una manera auténtica y no influenciada.

[21] Lopez Obrador ejerció como presidente de México, un total de seis años.

[22] Según el informe publicado por Spin – Taller de Comunicación Política, publicado en el 2023.

[23] Inteligencia Artificial.

[24] Hoy conocido como "X".

[25] Los términos *doxing*, *doxxing* y *doxeo* describen el acto de revelar intencional y públicamente información personal sobre un individuo u organización, generalmente a través de Internet.

[26] La revolución mexicana fue un conflicto armado en México que se inició el 20 de noviembre de 1910 y terminó el 1 de diciembre de 1920.

[27] Los jacobinos fueron los más exaltados, violentos e intransigentes de los revolucionarios franceses, dirigidos por Dantón, Marat y Robespierre. Después de los *Estados Generales* de Versalles en 1789, ellos formaron una sociedad secreta denominada *club bretón* y, pasadas las jornadas sangrientas del 5 y 6 de octubre, empezaron a reunirse en el convento que antes fue de los frailes *jacobitas* (situado en la calle San Jacobo de París), donde constituyeron la *Société des amis de la Constitution*. Esta circunstancia les dio el nombre, porque sus adversarios comenzaron a llamarles *jacobinos*. Jacobinismo significó desde entonces radicalismo anticonfesional.

[28] Emilio Cándido Portes Gil fue un político, abogado y diplomático mexicano que se desempeñó como presidente de México del 1 de diciembre de 1928 al 5 de febrero de 1930.

[29] Revista Crisol, 1929.

[30] Muria, J. 1982. *Historia de Jalisco, Guadalajara*. Unidad Editorial del Gobierno del Estado de Jalisco. Tomo IV, pp. 534-535.

[31] Una metanarrativa, metarrelato o macrorrelato (o, también en plural grandes narrativas o grandes relatos) es, en el contexto de la teoría crítica y el posmodernismo, *"un esquema de cultura narrativa global o*

totalizador que organiza y explica conocimientos y experiencias", según explica John Lloyd Stephens.

[32] 1979. Editorial Les Éditions de Minuit.

[33] La epistemología es una rama de la filosofía que se ocupa de estudiar la naturaleza, el origen y la validez del conocimiento.

[34] Agustín Laje Arrigoni es un escritor, politólogo y conferencista argentino. Es coautor de "El libro negro de la nueva izquierda". Es fundador y presidente de la Fundación Libre. Es considerado uno de los máximos exponentes de la derecha universal.

[35] El posestructuralismo es una corriente de pensamiento posterior al estructuralismo, que cuestionó y reformuló las bases teóricas del estructuralismo como doctrina filosófica, tanto en el nivel del lenguaje, la sociedad y la cultura.

[36] Jean Baudrillard fue un filósofo y sociólogo francés, crítico de la cultura francesa. Su trabajo se relaciona con el análisis de la posmodernidad y la filosofía del postestructuralismo.

[37] El eclecticismo es un enfoque conceptual que no se atiene rígidamente a un paradigma o un conjunto de supuestos, sino que se basa en múltiples teorías, estilos, ideas para obtener información complementaria de un tema, o aplica diferentes teorías en casos particulares.

[38] El PopArt o arte pop, es un movimiento artístico que surgió en Inglaterra y Estados Unidos a mediados del siglo XX. Se caracteriza por representar la cultura popular y la vida cotidiana, incorporando elementos de la cultura de masas en sus obras.

[39] La globalización es un proceso de integración mundial que se da en los ámbitos económico, social, cultural, político, tecnológico y de las comunicaciones. Se caracteriza por la creciente influencia de los procesos mundiales, sobre los procesos locales o nacionales.

[40] Según el diccionario de la lengua española, anticultura es un conjunto de comportamientos o actitudes que se oponen a la cultura tradicional.

[41] El filtro burbuja o burbujas de filtro, conocido en inglés como "filter bubbles", es un entorno informativo en el que las personas están expuestas principalmente a contenido que coincide con sus preferencias, opiniones y comportamientos previos.

[42] Véase el caso de Mr. Beast, el segundo youtuber con más seguidores del mundo, que construyó 100 pozos de agua potable en África; este hecho, le cambió la vida a más de 500,000 personas.

[43] Movimiento Ciudadano es un partido político mexicano de centroizquierda. Fue fundado el 1 de agosto de 1999 bajo el nombre Convergencia por la Democracia. En 2002 se acortó el nombre a Convergencia y en 2011 adoptó su nombre actual.

[44] Los derechos humanos selectivos, son aquellos que se aplican bajo conveniencia del que tiene plenitud de ejercicio; como ejemplo cito el derecho de la mujer embarazada a decidir sobre su cuerpo, a costa de la vida de su hijo en gestación.

[45] Lenin, V. I. (1917). *El Estado y la Revolución.*

[46] El autor reproduce este término, sin estar de acuerdo con su creación y uso.

[47] Federici, S. (2004). *Calibán y la bruja: mujeres, cuerpo y acumulación originaria.*

[48] Gerda Lerner (1986) lo ha definido en sentido amplio, como "la manifestación e institucionalización del dominio masculino sobre las mujeres y niños/as de la familia y la ampliación de ese dominio sobre las mujeres en la sociedad en general".

[49] Los supraderechos, son una serie de privilegios establecidos en una ley o norma reglamentaria, en beneficio de una comunidad o grupo determinado, que se ejercen por encima de los derechos que la sociedad en general goza.

[50] Grupo de personas que ejerce el poder en un país, en una organización o en un ámbito determinado.

[51] Estado de una cosa dentro de un marco de referencia y/o posición social.

[52] Burrhus Frederic Skinner fue un psicólogo, filósofo social, inventor y autor estadounidense. Condujo un trabajo pionero en psicología experimental y defendió el conductismo, que considera el comportamiento como una función de las historias ambientales de refuerzo.

[53] Karl Raimund Popper fue un filósofo, politólogo y profesor austriaco, nacionalizado británico, célebre por haber fundado el falsacionismo y por sus teorías de la falsabilidad y el criterio de demarcación.

[54] Mao Zedong fue un político revolucionario comunista chino, que gobernó la República Popular China desde 1954 hasta su muerte, en 1976. Lideró al Partido Comunista Chino (PCCh) durante la Revolución China (1949) y estableció un régimen comunista que, aunque con profundas modificaciones, se mantiene vigente hasta hoy en día.

[55] La expresión "ciudad inteligente" es la traducción y adaptación del término en idioma inglés *smart city*". La ciudad inteligente, a veces también llamada ciudad eficiente o ciudad súper-eficiente, se refiere a un tipo de desarrollo urbano basado en la sostenibilidad que es capaz de responder adecuadamente a las necesidades básicas de instituciones, empresas, y de los propios habitantes, tanto en el plano económico, como en los aspectos operativos, sociales y ambientales.

[56] Véase el caso de la película Lightyear, película de Disney Pixar.

[57] Brexit es una abreviatura de las palabras inglesas Britain (Gran Bretaña) y exit (salida), y es el término acuñado para referirse a la salida de Reino Unido de la Unión Europea (UE).

[58] El microtargeting es una estrategia de marketing que consiste en adaptar los mensajes publicitarios a cada individuo, basándose en datos en línea y en la identificación de sus vulnerabilidades.

[59] Desde la psicología, una cámara de eco es un entorno donde una persona sólo encuentra información u opiniones que reflejan y refuerzan las suyas. Este término se desarrolla ampliamente en capítulo posterior.

[60] Meta Platforms, Inc., cuyo nombre comercial es Meta, es un conglomerado estadounidense de tecnología y redes sociales con sede en Menlo Park, California. Instagram, Facebook y WhatsApp son propiedad de este conglomerado.

[61] Los arreglos, o acuerdos, de la Guerra Cristera fueron firmados el 21 de junio de 1929 por el gobierno mexicano, el arzobispo de Michoacán y delegado apostólico Leopoldo Ruiz y Flores, el obispo de Tabasco Pascual Díaz, y el presidente Portes Gil. Los acuerdos fueron redactados por el embajador estadounidense en México, Dwight W. Morrow, con la ayuda del gobierno de los Estados Unidos. Coloquialmente se dice que los arreglos fueron una traición para la causa Cristera.

[62] Jean Meyer Barth es un historiador, geógrafo, escritor y académico francés nacionalizado mexicano en 1979. Se ha especializado en la Guerra Cristera y Revolución mexicana

[63] Un pseudo derecho es un derecho falso. El término "pseudo" viene del griego ψευδο- que significa "falso". Un ejemplo de ello, es el llamado derecho humano al aborto, que no esta contemplado en ningún Convenio o Tratado Internacional.

[64] Miembro del Partido Comunista Mexicano (PCM) desde 1967, del cual, también fue parte de su Comité Central, así como de los Partidos Socialista Unificado de México (PSUM) y Partido Mexicano Socialista (PMS).

[65] Fuerza o violencia que se hace a alguien para obligarlo a que diga o ejecute algo.

[66] En México esta vigente la La Ley Federal para Prevenir y Eliminar la Discriminación (LFPED), que prohíbe cualquier forma de discriminación, incluyendo las conductas que inciten al odio, la violencia, la exclusión, la persecución, el rechazo o la difamación de personas o grupos "vulnerables". Dicha Ley también promueve la prevención y erradicación del discurso de odio en coordinación con las instituciones públicas, el sector privado y las organizaciones de la sociedad civil. En noviembre de 2023, la Cámara de Diputados aprobó reformas a los artículos 9, 20 y 83 de la LFPED para considerar como discriminación, la promoción del odio y la violencia a través de mensajes, discursos, videos, audios, imágenes y otros medios. En general, dicha Ley fue creada para proteger a los grupos LGBTQ+ y perseguir a los disidentes.

[67] Hannah Arendt, de origen alemán, fue una filósofa, historiadora, politóloga, socióloga y escritora. Se le reconoce como una de las principales críticas del totalitarismo. Desarrolló una teoría conocida como "La Banalidad del Mal".

[68] Informe de la OECD 2020.

[69] Informe del Barómetro de las Américas de LAPOP 2019.

[70] LexisNexis contiene la mayor base de datos del mundo, de documentos abiertos al público, incluyendo artículos de medios de comunicación.

[71] KGB son las siglas de Komitet Gosudarstvennoy Bezopasnosti , que se traduce como "Comité para la Seguridad del Estado".

[72] Las burbujas de información, también conocidas como filtros burbuja, son un entorno en línea que muestra a las personas contenido que coincide con sus preferencias, opiniones y comportamientos. Este fenómeno se debe a los algoritmos que rastrean los sitios web y redes sociales para personalizar la experiencia del usuario. Los algoritmos van registrando dónde hace clic el usuario y lo que le gusta, para mostrarle contenido similar.

[73] Walter Lippmann fue periodista, comentarista político, crítico de medios y filósofo; intentó reconciliar la tensión existente entre el capitalismo y democracia en el complejo mundo moderno. Obtuvo dos veces el Premio Pulitzer por su columna Today and Tomorrow.

[74] Profesor de literatura inglesa, crítica literaria y teoría de la comunicación, McLuhan es reconocido como uno de los fundadores de los estudios sobre los medios, y ha pasado a la posteridad como uno de los grandes visionarios de la presente y futura sociedad de la información.

[75] *"The Global Disinformation Order"*

[76] Cito entre comillas el término oposición, porque algunos detractores han señalado, que la oposición al régimen político en turno, es simulada y lejos de luchar por el bienestar colectivo, se han centrado en mantener sus privilegios y cuotas de poder.

[77] Los males estructurales, son las condiciones políticas, económicas, sociales y ambientales, así como las instituciones a nivel nacional, regional o internacional, que aumentan o disminuyen la probabilidad de que una persona experimente violencia, explotación o abuso.

[78] El clickbait es una técnica de redacción, que se utiliza para atraer a los usuarios a hacer clic en un enlace a través de títulos o descripciones sensacionalistas. El objetivo es generar ingresos publicitarios por click realizado.

[79] Los sesgos cognitivos son patrones de pensamiento automático que distorsionan la interpretación de la información y que pueden influir en la toma de decisiones. Son fenómenos inconscientes que se originan en la predisposición del cerebro a percibir la información a través de un filtro de experiencias y preferencias personales.

[80] Christian Fernando, define a la Derecha Alternativa, como un movimiento político, que requiere la coincidencia de liberales que acepten que la dignidad de la persona comienza desde la concepción, conservadores que entiendan que la tradición está al servicio del progreso y patriotas que entiendan que el amor a la nación no es asumir al estado.

[81] Imagen 1.1

[82] Imagen 1.2

[83] Hoy se sostiene que existe una esclavitud moderna, que consta al menos, de dos componentes: el trabajo y el matrimonio forzados.

[84] El término "cambio de sexo" es erróneo, pues no hay manera real de generar un cambio de sexo desde el punto biologico. En cambio, la cirugía por la que pretenden realizar el llamado cambio de sexo, se efectua, la mayoría de las veces mutilando el cuerpo fisico, para que se alinee mejor con la forma en que una persona entiende y desea expresar su imagen.

[85] John Stuart Mill fue un filósofo, político y economista británico, representante de la escuela económica clásica y teórico del utilitarismo. Mill es uno de los pensadores más influyentes en la historia del liberalismo clásico.

[86] Las libertades fundamentales son derechos inalienables de todas las personas, que sirven como base para la protección de derechos humanos. Estas libertades, permiten a las personas participar en los asuntos de interés público y que sus pensamientos y creencias sean respetados.

[87] En términos legales, un fallo es la decisión final o sentencia, emitida por una autoridad judicial, sobre una demanda.

[88] En esta época, en la que gobierna la decadencia racional, es preciso hacer énfasis en la naturaleza biológica de las personas.

[89] Persona adulta del sexo femenino de la especie humana.

[90] El Inglés Afroamericano Vernáculo, también llamado Inglés Afroestadounidense, o de forma más imprecisa Inglés Negro; es una variedad del inglés estadounidense hablado por los afroestadounidenses de clase obrera urbana y de clase media.

[91] La cancelación es un fenómeno social que se desarrolla, principalmente en las redes sociales; busca reprochar a aquellas personas que han asumido actitudes o comportamientos que son políticamente incorrectas o que no coinciden con la visión de la sociedad posmoderna.

[92] Joanne Rowling, quien escribe bajo los seudónimos de J. K. Rowling y Robert Galbraith, es una escritora, productora de cine y guionista británica, conocida por ser la autora de la serie de libros Harry Potter, que han superado los quinientos millones de ejemplares vendidos.

[93] La diversidad en este campo, no se refiere a la inclusión de personas con discapacidades, sino a la inclusión, muchas veces forzadas, de personas que pertenecen a algún colectivo o ejercen una preferencia sexual dispersa.

[94] La batalla de padres vs hijos, la veremos a detalle en un capítulo posterior.

[95] Mateo 10,21

[96] Esta organización se creó en 1922 y estaba dirigida a niños entre 9 y 15 años, quienes portaban un pañuelo rojo. Uno de sus miembros más conocidos fue Volodia Dubinin. La organización desapareció en 1990, cuando cayó la Unión Soviética.

[97] El Komsomol era la organización juvenil del Partido Comunista de la Unión Soviética. El término es una contracción de *Kommunisticheski Soyuz Molodiozhi*, Unión Comunista de la Juventud. Fue creada el 29 de octubre de 1918; desde 1922 el nombre oficial pasó a ser Unión Comunista Leninista de la Juventud de la Unión.

[98] Pável Trofímovich Morózov, más conocido por el diminutivo de Pávlik o Pavka, fue un joven soviético glorificado por la propaganda soviética como un *"mártir"*. Su historia, fechada en 1932, retrata a un niño de 13 años de edad que denunció a su padre a las autoridades por alta traición y fue asesinado por su familia.

[99] Las estimaciones no oficiales, sostienen que en 1936 y 1938, murieron entre 30 y 40 millones de personas a causa de la represión estalinista.

[100] Los Gulags fueron campos de trabajos forzados, que el régimen soviético utilizó para castigar y silenciar a quienes pensaban diferente. Los prisioneros sufrían de trato inhumano. Las causas de muerte en los gulags fueron diversas, entre ellas: enfermedad, cansancio, fusilamientos, tortura, asesinatos a manos de otros presos, marchas de la muerte y asesinatos masivos por parte de los captores.

[101] *Campesinos ricos.*

[102] La distopía es una representación ficticia, de una sociedad futura que se caracteriza por ser indeseable y tener características negativas que pueden alienar a las personas. La distopía es lo opuesto a la utopía.

[103] Eric Arthur Blair, conocido por su seudónimo de George Orwell, fue un novelista, periodista, ensayista, crítico británico nacido en la India, autor entre otras obras de las novelas distópicas Rebelión en la granja y 1984.

[104] Las Juventudes Hitlerianas eran una organización paramilitar. Estaban diseñadas para entrenar a los niños para ser los futuros combatientes y soldados de la causa nazi. Como organización oficial del estado nazi, las Juventudes Hitlerianas tenían una estructura militar a nivel local, regional y nacional.

[105] La Dinastía Kim, es conocida en Corea del Norte, como la "línea de sangre del monte Paektu", es un linaje de tres generaciones de líderes norcoreanos, que desciende del primer líder del país, Kim Il-sung.

[106] Patologizar es un neologismo que significa "dar a algo carácter de patología". Es decir, tratar algo como si fuera una enfermedad.

[107] Manual Diagnóstico y Estadístico de los Trastornos Mentales, quinta edición.

[108] La CIE-11 es el acrónimo de la Clasificación internacional de enfermedades, 11.ª edición correspondiente a la versión en español.

[109] Representa las ideas o políticas que son consideradas radicalmente inaceptables o incluso tabú en la

sociedad. Son excluidas de la conversación política y se consideran fuera de los límites de lo discutible.

[110] Comprende las ideas o políticas que comienzan a ser consideradas por un segmento limitado de la sociedad. Aunque aún son consideradas extremas, están ganando cierta atención y debate público.

[111] Asociación Americana de Psiquiatría.

[112] Abarca el rango de ideas, políticas y acciones que la sociedad en general considera aceptables o legítimas en un momento dado. Las ideas dentro de esta etapa son consideradas "políticamente posibles" y son más propensas a recibir apoyo público y ser adoptadas por los líderes políticos.

[113] Representa las ideas o políticas que son consideradas razonables. Tienen un apoyo sustancial en la sociedad y se consideran dentro del rango de lo políticamente posible.

[114] Se refiere al conjunto de ideas, políticas y acciones que están abiertas a discusión y consideración en el discurso público. Estas ideas pueden variar desde las que son ampliamente aceptadas hasta las que se consideran marginales o incluso tabú. El debate y la discusión pueden afectar la posición de una idea dentro de la etapa de "aceptabilidad", ya sea ampliándola o estrechándola.

[115] Las declaraciones emitidas, se registraron en la página de comunicación social del Senado de la República el 2 de junio de 2022, bajo el número -1280.

[116] Representa las ideas, políticas y acciones que los líderes políticos consideran viables y están dispuestos a implementar.

[117] La Ley se publicó en el Diario Oficial de la Federación el 4 de diciembre de 2014. Se encuentra vigente.

[118] El proyecto es consultable en: https://documents.un.org/doc/undoc/gen/v24/055/09/pdf/v2405509.pdf

[119] La Cartilla de Derechos Sexuales, está fundamentada en el marco jurídico mexicano vigente. Desde su primera edición en el 2001, como resultado del "Foro Nacional de Jóvenes por los Derechos Sexuales", convocado por el Instituto Mexicano de la Juventud con el aval de la Comisión Nacional de Derechos Humanos.

[120] Imagen 1.3

[121] La República Democrática Alemana, comúnmente denominada Alemania Oriental, fue un Estado comunista que existió en la Europa Central durante el período de la Guerra Fría.

[122] Samizdat fue la copia y distribución clandestina, de literatura prohibida por la censura del régimen soviético y, por extensión, también de literatura prohibida por los gobiernos comunistas de Europa Oriental durante la Guerra Fría.

[123] Solidaridad – Traducción al Español.

[124] Lech Wałęsa, Premio Nobel de la Paz y ex presidente de Polonia, es uno de los polacos más conocidos en el mundo. Fue el líder de la huelga de 1980 en el Astillero de Gdansk, que condujo al establecimiento de Solidarnosc, el primer sindicato independiente en el bloque soviético. Sigue siendo uno de los símbolos de la caída del comunismo en Europa central y oriental. El 22 de diciembre de 1990, Wałęsa se convirtió en el primer presidente de Polonia elegido democráticamente, en una elección general. Mientras estuvo en el cargo y después de completar su mandato presidencial, siguió siendo el portavoz de la causa polaca en el ámbito internacional. Actualmente Walesa continúa su misión, como portavoz de la solidaridad. Viaja por todo el mundo, contando la historia de la experiencia polaca y la lucha no violenta por la paz y la democracia. A través de sus conferencias y el diálogo con los jóvenes, hace un llamado para la construcción de un mundo moderno basado en valores universales.

[125] El 13 de diciembre de 1981, el Presidente del gobierno polaco, el Mariscal Wojciech Jaruzelski declaraba la ley marcial en Polonia, encarcelando a la mayoría de los dirigentes de "Solidaridad".

[126] Juan Pablo II, de nombre secular Karol Józef Wojtyła, fue el papa 264.º de la Iglesia Católica y soberano de la Ciudad del Vaticano desde el 16 de octubre de 1978 hasta su muerte en 2005. Fue canonizado en 2014, durante el pontificado del Papa Francisco, lo que lo convierte en Santo de la Iglesia Católica.

[127] La desestalinización fue un proceso que consistió en eliminar el culto a la personalidad de Stalin y el trabajo del período estalinista vinculado al comunismo (1924-1953).

[128] El Tratado de Amistad, Colaboración y Asistencia Mutua, más conocido como Pacto de Varsovia por la

ciudad en la que fue firmado, fue un acuerdo de cooperación militar firmado el 14 de mayo de 1955, por los países del bloque del Este durante el periodo conocido como Guerra Fría.

[129] Conocido por sus acciones pacíficas e intelectuales en defensa de la libertad religiosa. Nació el 13 de julio de 1888 en Tepatitlán, Jalisco; creció en una familia profundamente católica. Desde joven, mostró un gran interés por los estudios y la religión, lo que lo llevó a ingresar al Seminario de Guadalajara, aunque no llegó a ordenarse sacerdote. Posteriormente, estudió derecho en la Universidad de Guadalajara, lo que le permitió combinar su formación académica con su fe católica. A lo largo de su vida, González Flores estuvo profundamente influenciado por las enseñanzas sociales de la Iglesia, especialmente las contenidas en la encíclica *Rerum Novarum* del Papa León XIII, que defendía la justicia social y los derechos de los trabajadores. Estas ideas cimentaron su visión de una sociedad basada en la dignidad humana y la justicia, y reforzaron su oposición a las políticas anticlericales del Estado.

[130] El 2 de enero de 1925, Anacleto González Flores, organizó el Comité de Defensa Religiosa, integrado por la ACJM y la Confederación Nacional Católica del Trabajo, que posteriormente se transformó en la Unión Popular; Anacleto redactó sus estatutos y su lema fue "¡Viva Cristo Rey!".

[131] La desobediencia civil puede definirse como una acción de protesta colectiva que busca producir un cambio parcial o total en las leyes, políticas o directrices de un gobierno.

[132] La madrugada del 1 de abril de 1927, Anacleto González Flores, fue aprehendido en el domicilio particular de la familia Vargas González; se le trasladó al cuartel Colorado, donde se le aplicaron tormentos muy crueles; le exigían, entre otras cosas, revelar el paradero del arzobispo de Guadalajara: "No lo sé, y si lo supiera, no se lo diría", respondió. Los verdugos, bajo las órdenes del general de división Jesús María Ferreira, jefe de operaciones militares de Jalisco, descoyuntaron sus extremidades, le levantaron las plantas de los pies y, a golpes, le desencajaron un brazo. Antes de morir, dijo a Ferreira: "Perdono a usted de corazón, muy pronto nos veremos ante el tribunal divino, el mismo juez que me va a juzgar, será su juez, entonces tendrá usted, en mi, un intercesor con Dios". El militar ordenó que lo traspasaran con el filo de una bayoneta calada. Su muerte hundió en luto a todo el pueblo católico.

[133] Este término se abordará con amplitud, en el capítulo final de este trabajo.

[134] Benedicto XVI, de nombre secular Joseph Aloisius Ratzinger, fue el 265º papa de la Iglesia católica, desde el 19 de abril de 2005 hasta su renuncia el 28 de febrero de 2013.

[135] La perestroika fue la reforma política y económica destinada a desarrollar una nueva estructura interna de la Unión Soviética, llevada a la práctica por el secretario general del Partido Comunista de la URSS, Mijaíl Gorbachov desde 23 de abril de 1985, un mes después de que tomara el poder.

[136] Mijaíl Serguéyevich Gorbachov fue un abogado y político ruso. Se desempeñó como secretario general del Comité Central del Partido Comunista de la Unión Soviética desde 1985 hasta 1991 y jefe de Estado de la Unión Soviética de 1988 a 1991. Recibió el Premio Nobel de la Paz en 1990.

[137] Ronald Wilson Reagan fue un político, estadista y actor estadounidense. Ejerció como el 33.er gobernador de California.
40.º presidente de los Estados Unidos.

[138] Hace referencia a una persona que sigue a otra, o a una causa servilmente, frecuentemente por interés.

[139] Líder y fundador del Partido Comunista Italiano.

[140] La Internacional Socialista es una organización internacional de partidos socialdemócratas, comunistas, socialistas y laboristas, fundada en Fráncfort en 1951.

[141] El Foro fue fundado en 1990, por el dictador cubano Fidel Castro y por Lula da Silva, entonces líder del Partido Socialista Brasileño. Su objetivo simplificado, es impulsar la ideología comunista en toda Iberoamérica. Este foro "evolucionó" y hoy en día es conocido como el "Grupo de Puebla".

[142] Sobrenombre con el que se le conoce a Andrés Manuel López Obrador.

[143] Nombre con el que se les conoce, a los que promueven ideas comunistas disfrazadas de apoyo al pueblo.

[144] Carlos Abascal (1949-2008) Destacó al frente de la Confederación Patronal de la República Mexicana (Coparmex) (1995-1997), también fue Secretario del Trabajo y Previsión Social (2000-2005) y Secretario de Gobernación (2005-2006).

[145] Gordon Adams, profesor emérito de la American University, experto en política de defensa y seguridad nacional, define el término *deep state,* como un grupo de personas que secretamente en algún lugar, fuera de la mirada pública, escondida incluso de la burocracia, estan tirando de las cuerdas y manipulando cosas.

[146] Partido Nacional Revolucionario.

[147] Partido de la Revolución Mexicana.

[148] También llamado *"Humanismo Trascendente".*

[149] Juan Pablo II consideraba que la "cultura de la muerte" se originaba de una comprensión errónea del sufrimiento en las sociedades. Para el Papa, esta cultura se traduce en actitudes, comportamientos, instituciones y leyes que favorecen y provocan la muerte.